LOS 10 PODERES DEL ÉXITO

DANIELA MCARENA

LOS 10 PODERES DEL ÉXITO

ESPASA

Espasa, sello editorial de Editorial Planeta, S. A.
Avda. Diagonal, 662-664, 08034 Barcelona
www.planetadelibros.com
www.espasa.com

Diseño de la cubierta: Planeta Arte & Diseño
Fotografías y recursos del interior: cortesía de la autora

Primera edición: octubre de 2025

ISBN: 978-84-670-7794-0
Depósito Legal: B. 15.509-2025
Preimpresión: Safekat, S. L.
Impresión: Liberduplex
Printed in Spain - Impreso en España

PEFC Certificado
Este libro procede de bosques gestionados de forma sostenible
PEFC
PEFC/14-38-00305
www.pefc.es

Para ti, papá, por enseñarme
a materializar mis sueños

ÍNDICE

Tus hijos no son tus hijos, son hijos e hijas de la vida, deseosa de sí misma.
No vienen de ti, sino a través de ti, y aunque estén contigo, no te pertenecen.
Puedes darles tu amor, pero no tus pensamientos, pues ellos tienen sus propios pensamientos.
Puedes abrigar sus cuerpos, pero no sus almas, porque ellos viven en la casa del mañana, que no puedes visitar, ni siquiera en sueños.
Puedes esforzarte en ser como ellos, pero no procures hacerles semejantes a ti, porque la vida no retrocede ni se detiene en el ayer.
Tú eres el arco del cual tus hijos, como flechas vivas, son lanzados. Deja que la inclinación, en tu mano de arquero, sea para la felicidad.

KHALIL GIBRAN

Introducción

Mi secreto infalible: los 10 poderes

«El éxito no es lo que consigues, es en lo que te conviertes para conseguirlo».
JIM ROHN

Hace poco, en una entrevista me preguntaron que cómo había conseguido tener éxito tan joven, que cómo había logrado asegurarme un futuro millonario a los veinticinco años. Preferí no responder. Sentí que me era imposible desvelarlo así, en un minuto. Por eso, aquí estoy, dispuesta a desentrañar ese misterio.

No tengo ninguna duda de que mi éxito se debe a que, desde que tengo uso de razón, he implementado los 10 poderes. Y hoy me atrevo a decir que cualquiera que los ponga en práctica será capaz de encontrar su propósito y tener la vida que desea.

Las personas crecen pensando que para alcanzar el éxito deben tener una edad avanzada, pasar primero por la universidad, matricularse en los mejores másteres, trabajar duro, trabajar duro y trabajar duro con pocas o cero vacaciones. La verdad, tiene sentido, porque así es como nos han programado las generaciones anteriores y, a ellos, las anteriores que, a su vez, venían de sufrir una dura posguerra.

Nos han programado, tanto en el colegio como en casa, para vivir con ansiedad y escasez. Nos programan para ser mediocres o, en el mejor de los casos, para tener una vida, como dirían los ingleses, *average*. Muchas personas, que viven en esa constante lucha día a día, terminan dándose cuenta de que han ido en la dirección contraria al éxito. Pero ¿qué es el éxito?

Para mí, el éxito es saber disfrutar y valorar cada instante. Es trabajar en aquello que me ilusiona y apasiona. Es sentir que estoy donde tengo que estar, sin hacer más que lo que estoy haciendo. Es estar presente. Éxito es dar pequeños pasos diarios para conseguir nuestro objetivo máximo en esta vida: convertirnos en la mejor versión de nosotros mismos, sacando todo nuestro potencial.

Imagina el éxito como si fuera el agua de un río que fluye entre montañas y valles; que se encuentra con animales salvajes, maleza, dificultades paisajísticas, pero que, después del recorrido, va a dar al mar inmenso y abundante.

Para alcanzar el éxito debes flotar en esa agua y dejarte llevar como una pluma tendida sobre ella. Cuando sobrecargas la mente de todas estas luchas cotidianas que causan estrés, angustia y ansiedad es como si nadaras a contracorriente: por más que te esfuerces, no avanzas y antes de que puedas descubrir el maravilloso viaje que es la vida, acabas sin energía y terminas hundiéndote.

Cuando esto ocurre, y el peso se hace imposible de sobrellevar, las personas se dan cuenta de que nunca les han enseñado a flotar por el río de la vida. Uno de mis autores preferidos, Miguel Delibes, decía en su obra *La partida:*

«¿Por qué si uno sabe nadar flota sin moverse y si no, se hunde?». El miedo pesa. Eso es. No nos enseñan a nadar desde niños. Pero sí hay quienes deciden salirse un poco del camino y aprenden a programar su mente para flotar, para el éxito. Otros, simplemente, se dejan arrastrar hasta el fondo del río esperando a que alguien les lance un flotador.

¿Qué ocurriría si te educasen para flotar desde niño? Que llegarías al mar mucho antes, porque es más fácil programar el cerebro de un niño, que es elástico y moldeable, hacia un objetivo, que desprogramar la mente de un adulto para que aprenda cómo nadar, cómo vivir. Los niños aprenden todo más rápido.

Me gustaría contaros mi historia, como ejemplo de una mente programada desde la niñez con algunas técnicas, que ahora muchos denominan *mindfulness;* y otras más que se utilizan para lograr el desarrollo personal y alcanzar todo tu potencial.

Te prometo que cuando te programan, pasan cosas maravillosas. Yo lo llamo la magia, otros lo llaman casualidades.

✱ **Abro paréntesis.** Nada de lo que leerás a continuación está «ficcionado». No he adornado ninguna historia ni acontecimiento para darle un toque más dramático o inspirador. Todo sucedió tal cual te lo cuento, porque aquí mi único propósito es inspirarte y darte las herramientas para que puedas experimentar la magia en tus propias carnes; para que puedas programar tu mente, o la mente de tus hijos; y ellos, las de sus hijos. Para que cada día seas un poco mejor y para que, cuando ya no estés aquí, la gente que te rodea pueda decir que ha vivido un poquito mejor gracias a que tú estuviste en este mundo. Porque al final de eso trata la vida. No tengo ninguna duda de que, gracias a la magia, estas palabras que estoy escribiendo ahora mismo, un 14 de septiembre de 2023 a las cinco de la tarde en un documento de Word, se acabarán publicando algún día. Si estás leyendo esto, mi querido lector, significa que la magia ha vuelto a ocurrir. **Cierro paréntesis.**

Cuando tenía diez años, mi padre y yo nos fuimos a vivir solos a Nueva York. La razón fue que, tras los atentados en Madrid del 11 de marzo de 2004, la empresa de mi padre quebró. Él siempre se ha dedicado al mundo del entretenimiento. Produce obras de teatro y musicales. En aquel momento, la gente dejó de ir al teatro. La única opción de mi padre para salir adelante fue emigrar, intentar vender su empresa a los americanos y empezar de cero.

Mi padre era padre soltero y puede que demasiado joven para hacerse cargo de mí, ya que me tuvo a los veinte años, pero lo hacía lo mejor que podía.

Para mí, esa época de mi vida no fue fácil. Primero, porque era la primera vez que vivía sola con mi padre, aunque mis padres se habían separado cuando yo era muy pequeña; y segundo, porque me cambié de casa, de país, de colegio, de idioma, etcétera. Salí de mi zona de confort y, en este caso, a lo grande.

En esa nueva casa, lejos de mi anterior hogar, mi padre llenó las paredes de nuestro cuarto con frases, y fotos de cosas que no teníamos como un yate, una casa de campo, o un chalet rodeado de nieve. Lugares donde yo nunca había estado. También puso retratos de personas conocidas, como Antonio Banderas, el Dalai Lama, Jesucristo, Richard Branson...

Digo «nuestro cuarto», porque era nuestro cuarto. Siempre hemos dormido juntos en la misma cama. Vivíamos en lo que en Estados Unidos llaman una *one bedroom;* o sea, un apartamento de una habitación. Como te puedes imaginar, el precio del alquiler en Nueva York es una locura.

Todos los días antes de dormir, mi padre me contaba cuentos que te dejaban pensando porque tenían una moraleja maravillosa. En aquel momento, él sabía que, aunque yo no los entendiese del todo o no prestase demasiada atención, en el futuro acabaría aplicándolos en muchas circunstancias de mi vida y me servirían de guía. Iba a contar ahora mi cuento favorito, pero mejor lo voy a dejar para el último capítulo. Este que te comparto ahora me lo contó muchísimas veces, y ahora entiendo el porqué. Es un cuento que me viene mucho a la mente en momentos cotidianos: cuando me frustro porque me he ido de vacaciones y está lloviendo; cuando estoy triste por algo; cuando me enrabio porque un policía me ha puesto una multa o cuando discuto con mi pareja. Entonces, en cuanto noto que entran en mí sentimientos y pensamientos negativos o malas sensaciones, me digo en alto para mí misma: «Dani, ¿qué haces fijándote en el punto?». Y así, la mayoría de los males, se me pasan.

La hoja y el punto negro

Un día, un profesor entra a la clase y les dice a los alumnos que se preparen para una prueba sorpresa. Todos se pusieron nerviosos mientras el profesor iba entregando la hoja del examen con la parte frontal hacia abajo, de modo que no vieran su contenido hasta que él explicara en qué consistía la prueba.

Una vez que repartió todas las hojas, pidió que les dieran la vuelta y miraran el contenido. Para sorpresa de todos, era una hoja en blanco que tenía en el medio un punto negro. Viendo la cara de sorpresa de todos sus alumnos, el profesor les dijo:

—Ahora escribid una redacción sobre lo que estáis viendo.

Todos los chavales, confundidos, se pusieron a pensar y a escribir sobre lo que veían. Terminado el tiempo, el profesor recogió las hojas, las colocó en el frente del escritorio y comenzó a leer las redacciones en voz alta. Todas, sin excepción, se referían al punto negro de diferentes maneras.

Concluida la lectura, el profesor dijo:

—No voy a poneros nota sobre esto, solo quería daros una lección sobre la vida. Nadie ha escrito sobre la parte blanca del papel. Todos os habéis centrado en el punto negro. Lo mismo pasa en nuestras vidas. Tenemos una hoja blanca entera para observar y disfrutar, pero siempre nos centramos en los puntos oscuros. La vida es un regalo especial y siempre tendremos razones para celebrar: la naturaleza, nuestros amigos, los trabajos que nos dan un propósito y la milagrosa oportunidad de estar vivos. Los puntos negros son mínimos en comparación con todo lo que tenemos alrededor.

Una de las cosas más llamativas de nuestra *one bedroom* era un cartel escrito por mi padre que ponía: «Dios ha creado al hombre a su imagen y semejanza». Siempre me decía que era muy importante que recordase que, como Dios había creado al hombre a su imagen y semejanza, los humanos no éramos más que pequeños dioses capaces de crear nuestra propia realidad. Y que por eso mi única labor en la vida era tener sueños, porque esos sueños ya se habían cumplido en el universo, y que tan solo debía tener paciencia porque algún día se materializarían en la Tierra.

El mensaje era simple: todos mis sueños ya se habían cumplido y solo tenía que esperar a que el universo los materializara. Yo nunca me cuestioné si eso tenía sentido o no. Él hablaba con tal convicción que me creía el cien por ciento de todo lo que me decía.

Más tarde, a los doce años, unos dos años después de mudarnos juntos a la gran ciudad, me empecé a interesar más por «las cosas raras» que hacía mi padre en nuestra *one bedroom.* Para que te hagas una idea: él se levanta todos los días a las 4 a. m., máximo 5 a. m. Te lo juro. Todos los días. Sin excepción. Con frecuencia, por el ruido, yo me despertaba y me quedaba observándolo en silencio, sin entender nada. Un día le pregunté que por qué se levantaba a las cuatro si hasta las siete no nos íbamos al cole, y que si era necesario hacerlo tan pronto. A esa pregunta, mi padre me respondió algo que no venía mucho a cuento:

—Mi vida, ¿tú qué quieres ser de mayor?

Le contesté que no lo sabía. La verdad es que nunca había tenido vocación por nada ni me había atraído ninguna profesión.

—No pasa nada. Pero entonces piensa cómo te gustaría vivir, dónde, en qué casa, y cómo desearías que te viesen los demás. Así podemos ir concretando más.

Eso sí que podía tenerlo más claro.

—Ah, pues entonces quiero tener mucho éxito y… ser millonaria —le contesté. (Sí, esto es algo que probablemente contesten la mayoría de los niños).

—Ah, pues eso es muy fácil —respondió.

Mi cara cambió y, aunque no lo dije, pensé algo así como: «Si es tan fácil, ¿dónde narices están nuestros millones? ¿Acaso él no quiere ser millonario?».

—¿Qué te digo siempre, mi vida? Tu sueño ya se ha cumplido y ahora tan solo tiene que materializarse. Eso sí, la única forma que tienes para conseguirlo es aplicando a tu vida los 10 poderes. Si lo haces, te prometo que vas a poder materializar absolutamente todos tus sueños.

De nuevo, me lo creí. Teniendo en cuenta que mi único entretenimiento en aquella ciudad era estar con mi padre, porque tampoco es que tuviese muchos amigos, accedí.

—Genial. Pues iremos poco a poco, y cuando vea que aprendes un poder, pasaremos al siguiente.

1

El poder de la visualización

«Soy importante»

«Ningún viento es favorable para quien no sabe
a dónde va».
SÉNECA

—Vale, hija; hemos quedado en que de mayor quieres ser exitosa y millonaria, ¿verdad? Pues lo primero que tienes que hacer es ponerlo en la pared. Piensa y pega en la pared fotos de las cosas que tienen las personas exitosas: la casa donde te gustaría vivir, los deportes que te apasionan y querrías practicar, un cheque con el dinero que desearías ganar, tu cuerpo ideal, etcétera.

La pared ya estaba llena de fotos y frases, así que mi padre fue juntándolas todas en un lado y dejó un espacio libre para mí. En la mitad de la pared puso lo que él llamó su «panel de visualización»; y, en la otra mitad, yo empezaría a crear el mío.

Me llevó un par de semanas recopilar todas las fotos y pensar en lo que quería. Me di cuenta de que no es nada fácil pensar en lo que verdaderamente uno quiere: «¿Y si en realidad no quería eso? Hay muchos millonarios infelices. O al menos eso es lo que decían por ahí. Igual es mentira. Igual no. Molaría ser famosa. Bueno, no. Imagínate que te pidiesen, todo el rato, fotos por la calle. Qué pereza. Ya sé. Mucho mejor ser poderoso, pero que no te reconozcan». Estas eran algunas de las cosas que se me pasaban por la cabeza.

Mi padre me vio algo apurada, imprimiendo, recortando, rompiendo, pegando… Me dijo que no me preocupase, que el panel de visualización iba a transformarse y que, según pasase el tiempo, iba a tener que cambiar algunas fotos e incluso añadir más. De hecho, me explicó que era superimportante que nunca dejase de incorporar fotos.

—Mi vida, siempre debes tener metas y sueños en la vida, por lo que inevitablemente irás modificando el panel. Y muy atenta a lo que te voy a decir sobre el panel porque es muy importante: ¡ten cuidado siempre con lo que pides, porque lo que pides se cumple!

Lo primero que puse en mi panel de visualización fue un papel en blanco en el que escribí tres palabras: «Quiero ser importante». Le había dado vueltas a escribir «quiero ser millonaria», pero no me parecía suficiente. La verdad es que siempre fui una niña bastante desapegada de lo material. Nunca en mi vida pedí algo por mi cumpleaños. Como coincidía que mi cumple era en junio, lo único que le pedí una vez a mi padre fueron muchos huevos Kinder de verano, porque en invierno dejaban de venderlos y eso me fastidiaba mucho porque me encantaban.

A día de hoy, todo mi dinero lo gasto en experiencias, viajes, desarrollo personal y en ayudar a mi familia. Nunca me verás con un bolso de Louis Vuitton o unas joyas de Swarovski, por mucho dinero que gane.

A mis doce años, tras pensarlo con delicadeza, llegué a la conclusión de que lo que realmente quería era admiración. Admirarme y que la gente me admirase. Que mi padre, mi familia y amigos estuviesen orgullosos de mí y cualquiera que me conociese me admirase por lo que había conseguido. Algo que, además, pensé que atraería dinero.

Así, fui llenando mi lado de la pared con fotos.

«¿Dónde trabajaba la gente importante?». Me vino a la cabeza que en Naciones Unidas. Vivíamos cerca de allí y siempre había una semana —más adelante descubrí que es la Semana de Alto Nivel de la Asamblea General—, donde la ciudad colapsaba porque venían todos los presidentes del mundo a reunirse allí. Veía coches de policía por todas partes, seguridad, gente en traje, presidentes, diplomáticos, los famosos más destacados... Todo aquello me parecía importante y me daba la sensación de que allí se tomaban las decisiones del mundo. Así que puse exactamente esta foto en mi pared.

¿Qué más tenían los importantes? Un barco, un casoplón, daban conferencias TED o escribían libros. Desde muy pequeña veía charlas TED con mi padre como una forma de aprender inglés. Las personas que las daban me parecían importantes.

Cuando terminé de poner todas las fotos, llamé a mi padre para que viniese a ver el panel, y se quedó pensativo un rato. Me dijo que no lo había hecho del todo bien. Cogió un boli y tachó las palabras «quiero ser» del cartel que decía «quiero ser importante».

—Dani, te has olvidado de lo esencial. Todo lo que pongas tiene que estar en presente. ¿Qué es lo que siempre te digo? Tú ya eres importante, tan solo falta que se materialice. Además, tú ya eres importante para mí.

El cartel se quedó así durante años:

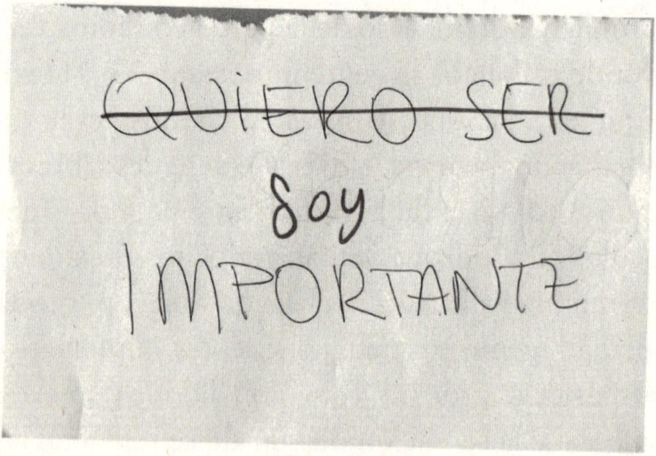

Cartel real (2008).

Para hacerte este capítulo corto, voy a ir al grano. Durante años, estuve mirando esas fotos que había puesto en mi panel. Todos los días. Por la mañana, por la noche, cuando estudiaba… Más adelante, me tuve que hacer un panel de visualización portátil porque por mi madre, que vivía en España, viajaba mucho y, claro, mis sueños aún no materializados me los llevaba conmigo a todos lados. Pese a estar separados, mi madre aceptó que me fuese con mi padre pues pensó que sería bueno para mí vivir la experiencia de ir al colegio en Estados Unidos. Cuando terminé el bachillerato en España, saqué unas notas muy buenas y podía estudiar casi cualquier cosa. Seguía sin saber el qué, pero un día, Rebeca, mi compañera de pupitre, dijo que ella iba a estudiar Política y Relaciones Internacionales. Eso me sonó muy importante y, además, me gustaba enterarme de lo que pasaba en el mundo.

En España, esa carrera duraba seis años y para mí eso era un problema. Otra cosa no, pero lo que sí tenía claro era que no quería pasarme otros seis años estudiando. Me fui a Londres porque me enteré que allí la misma carrera duraba tres años. Una maravilla. Además, el Estado te financia los estudios (o, al menos, así era antes del Brexit). Luego tienes que devolverlo, pero lo bueno es que solo si cobras una cantidad mínima de unas 40.000 libras al año. Un buen *deal.*

Cuatro años más tarde, cuando estaba a punto de graduarme y no tenía ni idea de cómo narices llegaría a ser una persona importante, recibí una llamada mágica. Por cierto, prepárate para esto, porque suele pasar mucho si aplicas los 10 poderes.

Era Ana Santos. Una chica de mi colegio de primaria a la que no veía desde antes del instituto. Me sorprendió mucho la llamada porque Ana Santos nunca fue muy amiga mía en el colegio. De hecho, si me había acordado en algún momento de ella en los últimos años había sido gracias a que Facebook nos sigue recordando los cumpleaños.

Contesté la llamada. Me acuerdo perfectamente de que estaba de camino a la universidad por Mile End Road, una calle muy larga donde al final se ve The Gherkin, el mítico edificio de Londres que se parece a un cohete.

Ana me preguntó lo típico: que qué tal, que cómo me iba y que había visto en Facebook que estudiaba en Londres. Me dijo que su hermana quería estudiar ahí y que si le podía dar alguna recomendación y explicarle cómo se aplicaba para esa universidad (un proceso bastante largo, por cierto).

Le conté mi experiencia y al final, por educación, le pregunté que qué tal le iba a ella. Me quedé muy sorprendida con su respuesta:

—Pues genial, la verdad. Estoy trabajando en Naciones Unidas.

—¡No me digas! ¿Cómo, por qué y cuándo? —le interrogué.

Me dijo que había sacado unas notas impresionantes, que aplicó y que, tras un proceso bastante largo, la llamaron y le dieron una beca. En breve, empezaría a opositar para ser diplomática. Le comenté que yo estaba buscando algo similar, pero lo cierto es que ya había aplicado a muchísimas empresas, a todos los puestos de Naciones Unidas, embajadas, ONG y que nunca había recibido una respuesta.

—No sabía que te interesaba este mundo —contestó.

¡Imagínate haberle explicado que no, que en realidad lo que yo quería era ser importante! Iba a pensar que era estúpida. Mentí y le dije que sí, que me apasionaba. Me contó que justo iban a cambiar al embajador, por la moción de censura de Mariano Rajoy, y que si se quedaba algo libre me avisaría. Le pasé mi CV y…

Spoiler: ¡¡¡Mi primer trabajo fue en Naciones Unidas, en la Misión Permanente de España ante la ONU!!! No me lo creía. Desde los doce años había estado mirando esa imagen, y ahora yo era importante porque trabajaba en Naciones Unidas.

Cuando llamé a mi padre para contarle que me habían cogido, recuerdo perfectamente sus palabras:

—¡Enhorabuena, mi vida! Y no por lo de la ONU, que también; enhorabuena porque esto significa que aplicas en tu vida los 10 poderes que te enseñé. Has entrado en el juego del universo, sabes jugar sus reglas y estás en completa sintonía con él.

Cuando colgó, recuerdo tener un sentimiento muy fuerte, muy bonito y raro a la vez, que jamás había sentido antes y que nunca se me olvidará. Sentí que estaba donde tenía que estar, que los poderes funcionaban y que creaba de manera inconsciente la que quería que fuese mi vida. Sentí, por primera vez, la magia.

***

Hace poco me enteré de que muchos profesores de tenis utilizan una técnica a la que he decidido llamar la técnica de la visualización inmediata.

Me apasiona ver el tenis. Me parece un deporte precioso y, aunque soy muy deportista y di unas cuantas clases de pequeña, nunca he llegado a jugar del todo bien. Por eso, decidí retomarlo.

Carlos, mi profesor, siempre llega con una cesta llena de pelotas y se pone en medio de la pista, pegado a la red. Quiero hacer una mención especial a mi profe: antes de empezar una clase me explica que es una pena que no me tomase en serio el tenis desde pequeña, porque tenía las cualidades para haber sido como María Sharápova o Venus Williams. Aunque dentro de mí quiero pensar que es verdad, seguramente él no piense eso e incluso se lo diga a todos sus alumnos, pero esa frase me hace tan feliz, me sube tanto la moral y, a la vez, me pone tanta presión, que es imposible que no dé lo mejor de mí ese día.

Pegado a la red, Carlos me va tirando las bolas que yo tengo que recibir al final de la pista y que intento meter de derecha o de revés, cruzadas o paralelas, según sus indicaciones. Un día me dijo que íbamos a hacer un experimento. No le hice mucho caso y empecé a jugar como siempre. Cuando Carlos cogió la última bola de la cesta, me la tiró y me gritó: «¡Dani, esta es la última bola, no la puedes fallar!». La fallé. Me confié. Me puse nerviosa. Había un cincuenta por ciento de probabilidades de que la fallase. Cogí mal la raqueta. No sé. Pero la fallé.

—¿Cuál es el experimento? —pregunté enfadada por haber fallado esa última bola.

—Lo entenderás con la siguiente cesta —contestó.

Empezó a tirarme las bolas de nuevo y esta vez, cuando cogió la última bola, me gritó: «¡Dani, esta es la última, así que la tienes que meter!». La metí. Me confié. Me puse nerviosa. Había un cincuenta por ciento de posibilidades de que la metiera. Cogí mal la raqueta. No sé. Pero al final la metí.

—¿Cuál es el experimento? —indagué contenta por haber metido esa última bola.

Carlos se rio.

—Nunca te lo había enseñado, pero es una técnica que utilizamos todos los entrenadores. Cuando en la primera cesta te he dicho que no la podías fallar, tu cerebro inmediatamente te ha imaginado fallando la bola. Como tu cerebro no sabe distinguir si eso es lo que quieres o no, acabas fallándola. En la segunda bola, te he dicho que era la última, y que por eso tenías que meterla. Tu cerebro se ha hecho una imagen tuya metiendo la bola. Y por eso la has metido.

Sonreí. Carlos no sabía que yo practico la visualización a diario y que mucho de lo que había conseguido en mi vida se debía a esa misma técnica, pero me enseñó algo muy importante: ¡la visualización inmediata también funciona!

Para terminar, me gustaría contarte una superanécdota que le pasó a mi mejor amigo. Diego quería cambiar de trabajo y me dijo que le encantaría incorporarse a Google. Trabajaba en una inmobiliaria y había estudiado Arquitectura, por lo que parecía bastante complicado, pero le pregunté que si lo había puesto en su panel de visualización. Me dijo que no, pero que esa misma tarde cuando llegase a casa lo pondría en su pared.

La mayoría de mis amigos tienen paneles de visualización porque a lo largo de su vida han ido viendo cómo mis sueños se materializaban cada vez más rápido y al quinto o sexto que se me cumplió, ya se lo empezaron a creer.

Diego estuvo menos de dos años mirando su foto de Google en la pared y aplicaba cuando veía algún puesto en el que podría encajar. Un día me invitó a cenar a su casa y, cuando llegué, vi que había puesto en la mesa una foto de unas oficinas de Google, la misma foto que tenía en su panel.

—Me han cogido aquí —me anunció señalándome la foto.

Le di la enhorabuena y lo abracé.

Me volvió a señalar la foto y pronunció lentamente:

—Dani, ¡que me han cogido justo aquí! Esta foto es la primera que encontré, la imprimí de imágenes de Google y la puse en mi panel. Pues resulta que estas oficinas son las oficinas de Google Dublín. Ahí es donde me han dado mi puesto de trabajo.

Me reí a carcajadas, me emocioné y me vino inmediatamente a la cabeza la frase de mi padre: «Ten cuidado con lo que pides, ¡porque lo que pides se cumple!».

Spoiler: Diego lleva viviendo dos años en Dublín y ha conocido a la mujer de su vida.

La visualización colectiva

«Nuestra vida es la creación de nuestra mente».
Buda

Me gustaría dedicarle unas líneas a la visualización colectiva. Este tipo de visualización es una técnica que he implementado en mi empresa, y no solo ha funcionado, sino que ha funcionado doblemente más rápido. Mi socia Gabi y yo, cuando apenas teníamos 100.000 seguidores, nos hicimos un *collage* en el que salíamos en la portada de la reconocida revista *Forbes*.

Esto es lo que pasó dos años más tarde: ¡Las únicas que salimos en las dos listas más importantes del año de *Forbes!*

A los primeros socios que apostaron por mi empresa, les regalé un cuadro con este mensaje para que así, todos visualizásemos un mismo objetivo:

«Ac2ality, el medio de comunicación de la generación Z, se vende por 100 millones de euros».

Esto pasó un año después:

«Atresmedia paga hasta 1,3 millones para lograr el 35 % del canal de TikTok Ac2ality».

No. Mi empresa todavía no se ha vendido por cien millones, pero Atresmedia me compró la empresa creyendo que acabaría valiendo cien millones. El cómo valoraron la empresa es otra historia mágica que tiene que ver con el próximo poder, así que aguanta ahí.

Creo que cuando compartes la visualización de los sueños es como si, de alguna manera, hubiese el doble de energía empujando para que esos sueños se materialicen. Eso hace que todo suceda mucho más rápido. En mi caso, me encanta visualizar los sueños de mi padre. Cuando logra algo que ha estado visualizando, siento que, de algún modo, le he ayudado a conseguirlo. Y estoy segura de que él también visualiza todos mis sueños, porque percibo esa misma energía doble empujando por los míos.

La imitación

«No podemos elegir a nuestros padres, porque los asigna el destino. Pero podemos elegir de quiénes queremos ser hijos».
Séneca

Cuando ya teníamos la pared dividida, le pregunté a mi padre que por qué él tenía fotos de personas en su panel. Me explicó que se trataba de una técnica muy importante de la visualización y que se basaba en imitar a aquellos que admiras o en quien te quieres convertir. El famoso «Fake it until you make it» ('finge hasta que lo consigas').

—Dani, el cómo somos y nuestro comportamiento depende mucho de la gente que nos rodea. Lo ideal sería que nos juntásemos con personas a las que admiramos y cuyos hábitos quisiéramos desarrollar. Sin embargo, esto no siempre se puede y habrá momentos donde nuestro entorno no sea perfecto. En este caso, tienes que utilizar la visualización e imaginarte cómo actuarían las personas a las que admiras si estuvieran en nuestra situación. El simple hecho de visualizar cualidades de las personas que nos inspiran nos ayuda a mejorar nuestro comportamiento.

Le expliqué que el problema es que no se me ocurría ningún personaje histórico, ni empresario ni famoso al que admirar para poner en mi panel.

—No pasa nada. Crea lo que yo he llamado la «lista de consejeros». Como Marco Aurelio, él empezó sus *Meditacio-*

nes describiendo las cualidades que admiraba en personas cercanas: «La bondad de mi abuelo», «La simplicidad en el vivir de mi madre», «La firmeza de mi padre»...

Yo no sabía quién era Marco Aurelio, pero tampoco pregunté y me puse manos a la obra.

Pegué exactamente esta lista en mi pared:

Papá: todo, es mi referente, representa la fuerza de voluntad extrema
Mamá: familia, humildad, cariño, tranquilidad
Nuria (mi segunda madre): generosidad, humor, filosofía de vida, y se dice al espejo todos los días que es la p*** ama
Sam: fuerza, valentía, empoderada
Tía Rocío: aguililla, picaresca
Tía Ana: bondad, 0 maldad
Estrellita: alegría personificada
Abuelos (los 4): dedicación, familia, valores
Estrellita y Anto: sonrisa 24/7
Titas Su y Cris: actitud, felicidad, cariño, las mejores personas
Mi amigo Jordi: se la suda todo, buen rollo
Pepe: individualismo
Natalia: amistad, trabajadora
Pablo: aprendizaje continuo, mejorar
Román: sencillez
Álex: disfrutón
Ric: curiosidad continua
Álvaro: don de gentes, social, atracción

Tono: un jeta con gracia, vendehúmos
Guido: lo que disfruta la vida
Ena: felicidad y actitud
Carmela: pasión, determinación y joseo (esta palabra viene del inglés *hustle,* que significa 'esforzarse')

Darte cuenta y pensar habitualmente en las cualidades de la gente que te rodea me parece una tarea increíble que todos deberíamos hacer. ¡Imagínate!: cada vez que veas a cualquiera de tus consejeros, te fijarás en su máxima cualidad, la que has apuntado en tu lista. ¿No es precioso que cuando alguien te mire se acuerde y se fije en tu máxima cualidad?

Otro truco que aprendí para esto de la imitación es imaginar que te observa alguien que admiras. De manera inconsciente, nos comportamos peor cuando nadie nos vigila, así que actúa como si tu conducta fuera siempre pública.

Acabaré este poder con una de mis historias más mágicas, o al menos la más importante de mi vida porque es la que me llevó a encontrar mi propósito y mi ocupación.

Mi padre tenía en la pared de sus consejeros la foto de una chica rubia que me llamó la atención y le pregunté que quién era. Me dijo que era Arianna Huffington, la dueña del *Huffington Post,* y que, hacía menos de un año, Arianna había vendido su periódico a la empresa AOL por 315 millones de dólares. De alguna manera, Arianna había revolucionado la industria de los medios de comunicación porque su periódico fue uno de los primeros periódicos digitales importantes. Como mi padre tenía muchos otros consejeros y yo solo tenía la lista de mis conocidos, me dio a Arianna para ponerla en mi lado de la pared.

—Arianna será tu consejera, porque ella es exitosa y millonaria —me dijo.

La foto de Arianna me ha acompañado durante muchos años (y, de hecho, me sigue acompañando porque continúa en mi panel actual). ¿Intuyes el final?

Nunca en mi vida me había interesado el periodismo. Nadie en mi familia se ha dedicado jamás al mundo de la comunicación ni de los medios, y yo, a mis veinticinco años, llegué a ser alguien importante por crear el medio de comunicación en español más seguido del mundo en TikTok. Cuando lo pienso, se me ponen los pelos de punta.

Como Arianna, ¡revolucioné la forma de hacer periodismo! Fui pionera en crear un nuevo lenguaje periodístico: con vídeos, fácil, rápido, corto, visual y en vertical. ¡Un formato que han copiado todos los medios de comunicación de nuestro país!

¡Te toca a ti hacer magia!
Sigue estos pasos, ¡no tienes excusa!

1. Somos pequeños dioses capaces de crear nuestra realidad. Piensa en qué te gustaría ser e imprime fotos de las cosas que tendría esa persona, tanto materiales como no. De tu trabajo, tu cuerpo, tu coche, tu casa, tus *hobbies,* tus metas... Intenta hacer *collages* para que se vea más real. Al visualizar tus sueños y objetivos de manera regular, refuerzas tus deseos y aumentas las posibilidades de actuar para alcanzarlos. Ah, y recuerda hablar en presente, ¡ya eres eso que quieres ser!
2. La visualización colectiva funciona porque hay una doble energía empujando la materialización de un sueño. ¡Pilla por banda a un amigo, socio o pareja y empezad a visualizar juntos!
3. Imitar a quien admiras, o en quien te quieres convertir, es una técnica clave para mejorar. Haz la lista de tus consejeros y trae a menudo a tu mente a alguien que admires. Intenta ver el mundo a través de sus ojos y pregúntate qué haría en tu situación. Ah, y procura hacer sentir a la gente que te rodea que hay algo valioso en cada uno de ellos.
4. Cuidado con lo que pides, porque lo que pides se acabará cumpliendo. Observa tu panel de visualización todos los días, prestándole atención. Tardarás menos de un minuto. Lee tu lista de consejeros una o dos veces a la semana. Y si quieres ir más allá, escribe un artículo como si fueses un periodista y lo que te gustaría que escribiesen sobre ti el día de tu muerte. ¡Léelo de vez en cuando!

Muere Daniela Macarena a los 114 años: la empresaria que redefinió los medios y dejó un legado imborrable

En una conmovedora pérdida para el mundo empresarial y los medios de comunicación, Daniela Macarena Álvarez falleció a los 114 años debido a causas naturales. Álvarez, cuya trayectoria fue una sucesión ininterrumpida de éxitos, se convirtió en un faro de innovación y liderazgo en la industria de la comunicación.

Revolucionaria en su campo, al igual que figuras como Arianna Huffington, Daniela Álvarez marcó un antes y un después con la creación de su medio, Ac2ality. Pero su visión no se detuvo allí. Siguió innovando al lanzar otras iniciativas como WeGrow, que alteró el paisaje de la educación de manera fundamental.

Como testamento a su brillantez y visión de futuro, su empresa se vendió por una cifra astronómica: 100 millones de euros, exactamente como ella lo había previsto.

Pero Daniela Álvarez no solo fue una empresaria de éxito; fue también una comunicadora excepcional que supo adaptarse a los tiempos. Hizo un uso estratégico de las redes sociales para acercar las noticias y cuestiones de actualidad a las nuevas generaciones. Hasta el día de su fallecimiento, se mantuvo como una de las voces más importantes e influyentes en el panorama informativo español.

Su legado trasciende también el ámbito profesional. Gracias a sus charlas y conferencias, Daniela se convirtió en una fuente de inspiración para muchos, tocando vidas con su profunda fe y espiritualidad.

Quienes tuvieron el privilegio de conocerla de cerca, como es mi caso, pueden testificar una cosa: Daniela apreciaba cada momento de su vida y la vivía con una intensidad rara vez vista. Con su partida, se cierra un capítulo irremplazable en la historia de la empresa, pero su legado vivirá para inspirar a las futuras generaciones.

2

EL PODER DE LA FE

Tú creas tu mundo

«Dios te hace un regalo cada día. Se llama hoy».

Luis Álvarez

Como cada mañana, mi padre me despertó a las siete con la música a todo volumen. Todos los días me despertaba con la misma canción, la de *Fathers and Daughters Never Say Goodbye*, de Michael Bolton. Preciosa.

Mirando atrás, una de las cosas que más valoro y admiro de mi padre es cómo, a pesar de tener que buscarse la vida cada día, cuidaba de mí, hacía la cena, limpiaba la casa, me entretenía y todo lo demás. Me había hecho una promesa: siempre sería él quien me llevaría y recogería del colegio y se reservaría las tardes para pasarlas juntos. No falló ni un solo día.

Eso sí, algunas tardes, me recogía y me pedía que lo acompañase a alguna reunión que no había podido cambiar. No te voy a mentir, muchas de esas reuniones eran tensas, no salían como él esperaba y, al terminar, estoy segura de que lo único que se le pasaba por la cabeza era un «me cago en la p***, a ver qué narices voy a hacer ahora».

Pero lo cierto es que cuando algo no salía como lo había pensado, nunca se lo tomaba a mal. Jamás en mi vida lo he visto enfadado, frustrado o de mal humor. Al revés, tras la reunión, me contaba todo lo que había sucedido (él siempre me ha mantenido muy al tanto de sus negocios) y me decía que no pasaba nada, que todo en la vida ocurría por algo, y que si no había salido ese proyecto o no había sucedido aquello que esperábamos, era porque había algo mejor ahí fuera esperándonos.

Siempre repetía la misma frase: «Cuando Dios te quiere mandar un precioso regalo, te lo manda envuelto en un papel de problemas».

Ese día, el día que aprendí el segundo poder, le acompañé a una de esas reuniones tensas después del cole y luego, al llegar a casa, como cada tarde, nos sentamos en el sofá para ver la televisión. Era, sin duda, nuestro momento favorito. Pero esta vez, en lugar de elegir el famoso programa de entrevistas de Ellen DeGeneres, que tanto nos gustaba, mi padre puso uno de los discursos más famosos de Steve Jobs, el de la Universidad de Stanford en el 2005. Cuando terminamos de verlo, mi padre me dijo que Jobs había estado hablando todo el rato del segundo poder.

«Es imposible conectar los puntos mirando hacia el futuro,
solo puedes hacerlo mirando hacia atrás».
STEVE JOBS

—Dani, como dice Jobs, hay que confiar en que las cosas que pasan en tu vida se conectarán alguna vez en el futuro porque todo, absolutamente todo, pasa por algo y antes o después lo entenderás. Si ahora no lo entiendes, confía en que en algún momento lo harás. Esa es la fe verdadera y ese es tu segundo poder.

Aproveché para preguntarle si eso de la fe no tenía que ver con creer en Dios como nos habían dicho en el colegio. Me contestó que más o menos sí, pero que la fe, sobre todo, era un hábito que había que entrenar. Por suerte, yo había practicado ese hábito desde muy pequeña gracias al ejemplo de mi padre. Al final, los niños no aprenden: los niños observan, copian e imitan lo que ven de los adultos. Por eso, si quieres que tu hijo sea una persona feliz y excelente, primero has de trabajar en ti mismo para conseguir ser tu mejor versión.

Todos los días, a las cuatro de la mañana, lo primero que hacía mi padre era mirar por la ventana, agradecer en voz alta a Dios el nuevo día que nos había regalado para disfrutar, y luego cogía una foto de la Virgen de la Macarena y le daba un beso. «Mamá», así es como él la llama. Cada vez que mi padre saca su cartera para pagar algo, cualquier cosa, da las gracias y le da un beso a una foto de Jesús antes de guardarla; va, al menos, una vez a la semana a misa para meditar, y viaja a Sevilla para ver a la Virgen de la Macarena como diez veces al año, cada vez que le cumple uno de sus deseos. Pero esos son tan solo unos pocos de sus hábitos de fe. Y aunque con esto se podría decir que mi padre es católico, siempre ha evitado ponerle un nombre a Dios y nunca me ha inculcado los valores católicos. De hecho, él siempre dice que no se considera «creyente», sino «certente», porque tiene la certeza de que existe algo superior a nosotros, una energía —Dios, Alá, Buda o como cada uno quiera llamarlo—, que de alguna manera mueve los hilos del universo.

Desde que tengo uso de razón he visto que mi padre agradecía cada pequeña cosa cotidiana a Dios; que hablaba todos los días en voz alta a su Madre, la Macarena; y que mantenía conversaciones con lo que él llama «sus angelitos». De alguna manera, yo empecé a copiarle. Dentro de mí pensaba: «Si él hace todas estas cosas, será porque es verdad, porque funciona. ¿Por qué no hacer yo lo mismo? ¿Y si existe Dios, Alá, Buda o un universo todopoderoso? ¿Y si no? Lo haré, aunque sea por si acaso».

✱ **Abro paréntesis.** Él siempre me decía que cada uno de nosotros tenemos angelitos que nos cuidan, pero que son como niños y que, por eso, hay que hablarlos constantemente y jugar con ellos, porque si no estos se acaban aburriendo y se van de nuestras vidas. Creo que fue el miedo a perderlos lo que me hizo hablar con ellos a diario, hasta hoy. De hecho, todos los que me conocen bien saben que tengo dos angelitos que están siempre conmigo. Son los responsables de que todo me salga bien, aunque en el momento no sepa verlo. Y cuando sucede la magia, mis amigos suelen soltar un «ya están tus angelitos». Y yo no tengo ninguna duda de que son ellos. **Cierro paréntesis.**

Hoy, más de quince años después del día que aprendí el poder de la fe, puedo decirte que es el poder más importante de mi vida. Sin fe, mi actitud sería muy diferente. Tendría miedo, me sentiría desprotegida e incluso a veces sin rumbo. Seguramente algún día me sienta desprotegida, con miedo y sin rumbo. La vida es cíclica. Pero estoy convencida de que, en ese momento, la fe será lo primero a lo que me aferraré. Porque, al final, tener fe no es otra cosa que tener confianza en la vida.

> «Los que creen no necesitan pruebas y a los que no creen ninguna prueba les vale».
> STUART CHASE

***

Ahora te quiero contar una historia mía real, muy mágica, de lo que me pasó con la Virgen del Cobre. Mi padre y yo hacemos, por tradición y sin excepción, un viaje juntos al año. Me encantan las tradiciones. Creo que deberíamos esforzarnos más por cuidarlas y mantenerlas. Sin duda, una de mis tradiciones favoritas es este viaje, siempre a un lugar *random* del mundo, donde ninguno de los dos hayamos estado antes.

En 2016, cuando yo tenía diecinueve años, tocó Cuba, el archipiélago de las contradicciones y encantos. Mi padre me comentó que, aunque él ya había estado en Cuba, tenía que cumplir una promesa que le había hecho hacía años a la Virgen del Cobre y que si podía acompañarlo. En ese momento, no le pregunté cuál era esa promesa, pero claramente accedí.

La Virgen de la Caridad del Cobre es la patrona de Cuba, y su santuario está en El Cobre, cerca de Santiago de Cuba. La historia cuenta que, en el siglo XVII, tres pescadores encontraron su imagen flotando en la bahía de Nipe mientras estaban en peligro, en el mar. Desde ese momento, la Virgen del Cobre se convirtió en un símbolo de protección y esperanza para el pueblo cubano.

Una vez allí, recuerdo que, después de horas y horas en carretera atravesando ciudades que eran como cápsulas del tiempo con sus fachadas coloniales, de repente, en un bosque húmedo y de bastante vegetación vimos cómo se asomaba, en lo alto de una montaña, el santuario de la Virgen del Cobre. Precioso. O al menos así lo recuerdo. Llegamos a la puerta de la iglesia y entramos junto a unos peregrinos. No había mucha gente, varios bancos vacíos y una pequeña estatua de unos cuarenta centímetros de altura que representa a la Virgen María, al fondo. La Virgen sostiene al Niño Jesús con su brazo izquierdo y en su mano derecha tiene una cruz dorada.

Cerca de la Virgen había unas monjitas vestidas de blanco, las encargadas de cuidar el santuario. Mi padre se acercó rápidamente a ellas y estuvieron hablando un rato mientras yo paseaba por la iglesia. Luego, me senté en uno de los bancos a rezar, y a dar las gracias por un día más y por ese maravilloso viaje que tanto estábamos disfrutando.

Cuando terminaron de hablar, mi padre se sentó a mi lado y me contó por qué estábamos allí. Hacía veinte años, él había visitado esa misma iglesia con mi abuelo. Mi abuelo era torero y por eso viajaba mucho a Sudamérica. De hecho, mi padre quiso seguir los pasos de mi abuelo, pero ese sueño terminó pronto porque, la primera vez que se puso delante de un toro, se quedó en *shock,* paralizado, y le tuvieron que sacar en brazos de la plaza.

Allí, mi abuelo le dijo que la Virgen del Cobre era la Virgen del dinero y que le podía pedir lo que quisiese, que ella lo cumpliría. Eso sí, si lo cumplía, tenía que prometerle que regresaría a verla y devolverle parte del favor.

En aquella ocasión, mi padre le pidió una cantidad de dinero y le prometió que, si lo conseguía, volvería para restituir parte del dinero. No sé la cantidad de dinero que pidió, ni la cantidad de dinero que donó a las monjitas de la iglesia, pero tampoco le pregunté. Lo importante es que cumplió su promesa.

De repente, empezó la misa. Aunque me gusta ir a misa de vez en cuando, no suelo prestar atención a lo que dice el cura. Siempre me ha parecido que hablan otro idioma, un idioma del pasado que no entiendo. Suelo utilizar las misas como un momento para mí, para pensar, para reflexionar, meditar o simplemente respirar y estar presente.

A mitad de la ceremonia, decidí que era hora de sacar lo que yo llamo mi «leyenda personal» y pedirle algo a la Virgen del Cobre, tal y como había hecho mi padre con mi abuelo.

Mi «leyenda personal» siempre va conmigo. Más adelante, en el séptimo poder te enseñaré cómo es la mía para que puedas inspirarte y crear la tuya propia. Pero para resumírtelo ahora, es una guía que todos deberíamos hacer de nuestras vidas, y que sirve para conseguir nuestro propósito. Una guía que te ayudará a convertirte en la mejor versión de ti mismo, desarrollando tu potencial y cerrando la brecha entre lo que eres y lo que podrías llegar a ser.

Decidí llamar a esta guía mi «leyenda personal» por el libro *El Alquimista* de Paulo Coelho. En ese maravilloso libro, «leyenda personal» se refiere al destino o al camino de vida único y verdadero que una persona está destinada a seguir. Es esencialmente lo que uno siempre ha querido realizar. Según Coelho, todos nosotros sabemos cuál es nuestra «leyenda personal» desde que somos jóvenes, pero con el tiempo muchos acaban desviándose del camino.

En mi «leyenda personal» hay una sección de «promesas» y, viendo que a mi padre le había funcionado, añadí mi promesa a la Virgen: «Si algún día genero cuatro millones de euros por mí misma, volveré aquí a verte y le daré una parte de ese dinero a las monjitas».

Siete años después de mi promesa a la Virgen del Cobre, el grupo Atresmedia quiso comprar mi empresa. Al ser una *startup* no era fácil ponerle un valor. La negociación fue larga e intensa, pero al final se decidió que la venta de acciones se produciría poco a poco, cada dos años, hasta un máximo de seis. Eso sí, se pondría un valor mínimo a la empresa en esa primera compra de… cuatro millones de euros. Ni uno más ni uno menos. Magia.

En este proceso de negociación y venta de una empresa, a muchos emprendedores les entran miedos, dudas de si vender, vértigo u otros miles de sentimientos que dependen de las circunstancias. En mi caso, yo tuve muchas dudas y miedos. Si vendía, esta pelota se haría más grande, tenía que *perform and deliver*. Sentía la presión de cumplir un *business plan* mucho más profesional, de crecer, de facturar el triple de lo que estaba facturando en ese momento, y de dar a los inversores lo que les había prometido. Pero cuando finalmente se aceptó la cantidad mínima de cuatro millones, miré al cielo, me emocioné, di las gracias y, de alguna manera, entendí que la vida me estaba diciendo que confiase, que los de arriba me estaban guiando y que tan solo siguiese caminando. De nuevo, sentí la magia. El universo estaba de mi lado, mis angelitos me escuchaban e incluso la Virgen del Cobre había estado acompañándome siete años y ni siquiera me había dado cuenta. El poder de la fe funcionaba y había merecido la pena cultivarlo, entrenarlo y practicarlo.

«Todo lo que pides en la oración, cree que ya lo recibiste
y lo tendrás».
SAN MARCOS

Por cierto, aún no he vuelto a la Virgen del Cobre, pero porque todavía no he cobrado la primera parte de mis acciones. En cuanto lo haga, iré a visitarla. Y con mi padre, por supuesto. Además, ¡con un billete pagado por mí por primera vez! ¡Qué ilusión me hace!

***

La noche que acompañé a mi padre al templo de la Virgen del Cobre, en un hotelito de La Habana, él me contó esta historia antes de dormir:

Las huellas en la arena

Un hombre tuvo un sueño. Soñó que caminaba por la playa junto a Dios. En el cielo pasaban escenas de su vida. Por cada escena, notó dos pares de huellas en la arena: uno pertenecía a él y el otro, a Dios.

Después de que la última escena de su vida pasó delante de él, miró hacia atrás, a las huellas en la arena. Se dio cuenta de que muchas veces en el camino de su vida había solo un par de huellas en la arena. También notó que esto sucedía en sus momentos más tristes y difíciles. Esto realmente le molestó y preguntó a Dios al respecto: «Dios, Tú dijiste que una vez que me decidí a seguirte, Tú caminarías conmigo todo el camino. Pero he notado que, durante los tiempos más difíciles de mi vida, hay solo un par de huellas. No entiendo por qué cuando más te necesitaba, me dejaste solo».

Dios respondió: «Mi querido hijo, te amo y nunca te dejaría. Durante tus tiempos de prueba y sufrimiento, cuando viste solo un par de huellas, fue entonces que te llevé en brazos».

Como los seres humanos tenemos limitaciones en nuestro cuerpo y mente, necesitamos darle forma o personificar lo divino para entenderlo mejor. En mi caso, personifico esa energía todopoderosa y a mis angelitos en Jesús y en la Virgen de la Macarena. Esta tradición la heredé de mi padre, quien a su vez la heredó de mis abuelos. De hecho, estoy escribiendo estas líneas en el AVE dirección Sevilla, camino a ver a mi Macarena. Hoy es 18 de diciembre de 2023.

El 18 de diciembre es el día de la Macarena y lo descubrí porque justo ese día, hace ya unos cuantos años, la Virgen me había cumplido otro deseo de mi lista de las promesas, así que cogí inmediatamente un tren para ir a verla y darle las gracias. Había deseado que mi abuela Alicia pudiese volver a andar después de un ictus. Cuando llegué a la puerta de la basílica, había una cola enorme que daba vueltas a la manzana. Pregunté qué pasaba y me explicaron que era el día de la Macarena, el único día del año que la bajan al suelo para que la gente la pueda besar y tocar.

Por supuesto, lo recibí como un regalo, magia, una señal y, desde entonces, voy todos los 18 de diciembre a verla. Además, no sé qué tiene esa iglesia que cada vez que entro me emociona y me hace llorar. Creo que por lo que significa estar ahí de nuevo: que algún deseo se ha cumplido, que las tradiciones continúan, que sigo practicando el hábito de la fe y que, por tanto, continúo confiando en la vida.

Si algo nos deja en claro todo esto es que las energías existen, que toda acción tiene una reacción, que todo pensamiento tiene un impacto y que con fe, pero con fe de verdad, pasan cosas increíbles. Si eres capaz de aceptar con fe lo que te viene en la vida, sabiendo que todo es por tu bien y que sigue los cánones de los mandamientos de Dios o del universo, serás capaz de caminar siempre con una sonrisa, sin miedo y protegido.

La esperanza

Mi padre nunca me ha regalado nada material por Navidad. Todos los años, sin excepción, me regala un libro llamado *Los 10 poderes del éxito.* Tengo ya trece en mi estantería por lo que estas Navidades me gustaría darle la sorpresa y regalarle este libro, el primer *Los 10 poderes del éxito* que se publique.

Sus libros de *Los 10 poderes del éxito* son muy diferentes a este. En ellos, siempre empieza diciendo que, para no ser un padre pesado, prefiere dejarme escritas las 101 frases célebres que ha aprendido durante el año. Está seguro de que, cuando enfrente algún contratiempo en la vida, recordaré alguna de sus historias o frases y, en ese momento, diré: «Qué razón tenía mi padre». En las páginas pares de sus libros hay fotos nuestras y de toda la familia enviadas durante todo el año al chat familiar; y, en las impares, una frase célebre.

Me suelo leer una todas las mañanas antes de empezar mi día, y no sé por qué, pero parece que siempre elijo la más oportuna para afrontar esa jornada. Esta ha sido la de hoy, de Albert Einstein: «En medio de la dificultad reside la oportunidad. Nunca pierdas la esperanza».

Al leerla, me ha venido a la cabeza el experimento del doctor Richter, mundialmente famoso por sus increíbles resultados sobre la esperanza y la resistencia.

El doctor Curt Paul Richter quería ver cuánto tiempo podían nadar las ratas antes de rendirse y ahogarse. Puso a varias ratas en frascos llenos de agua y observó lo que pasaba.

Sorprendentemente, las ratas se daban por vencidas y se ahogaban en solo unos pocos minutos. Pero Richter no se quedó solo con esta observación. Decidió intentar algo diferente. En otro grupo de ratas, justo antes de que se rindieran y se ahogaran, las sacó del agua, las secó y les dio un pequeño descanso. Luego, las volvió a poner en el agua. Lo que pasó después es impresionante. Estas ratas, que habían sido rescatadas y habían tenido un descanso, nadaron mucho más tiempo que las primeras. Algunas nadaron durante horas, a veces hasta sesenta horas antes de rendirse.

¿Qué demuestra esto? Que la clave está en el poder de la esperanza. Si el poder de la esperanza inculcado en el cerebro minúsculo de una rata hace que esta se esfuerce 240 veces más, ¿cuántas veces más se puede esforzar un ser humano que tenga inculcado este poder en su cerebro?

Incluso cuando ya no vivía en Nueva York,
mi padre venía mucho a visitarme.

¡Te toca a ti hacer magia!

Los 6 hábitos que te recomiendo para empezar a entrenar el hábito de la fe

1. Reza. Si estás en contra de rezar oraciones religiosas, te recomiendo rezar una vez al día *El Credo del optimista* de Christian D. Larson.
2. Medita. Dedica unos minutos al día a estar presente y agradecer. En el poder número ocho hablaremos de esta práctica con más profundidad.
3. Ve a misa, aunque sea muy de vez en cuando. Es una forma de agradecer, tomarte un tiempo para ti y establecer una relación más directa con lo divino, con esa energía que mueve los hilos del universo.
4. Entrena la confianza en la vida cuando pasen pequeños contratiempos. Recuerda que todo pasa por algo y que, lo que hoy es un contratiempo, mañana puede ser una bendición.
5. Habla en voz alta con el universo o con tus angelitos. Verás que muy pronto empezarán a responderte.
6. Nunca pierdas la esperanza. Porque la esperanza... ¡es lo último que se pierde!

3

El poder de la gratitud

El secreto para mejorar tu vida

«Es importante tener metas a futuro, pero más importante es tener agradecimientos inmediatos».
LUIS ÁLVAREZ

Según pasaba el tiempo en nuestra *one bedroom,* mi confianza y la certeza de que los poderes funcionaban iba creciendo. Mi padre logró cosas increíbles en Nueva York. Consiguió hacerse con la gestión de un teatro. Fue gracias a eso que pronto nos mudamos de casa, esta vez ¡¡¡a una *two bedroom!!!*

***

Todos los viernes, cuando mi padre me recogía del colegio, el plan era irnos a comer a un restaurante que estuviese en Zagat, una famosa guía de restaurantes de Nueva York, que ofrece reseñas y calificaciones de sitios para comer. Hoy en día, cogeríamos esta información de TripAdvisor, Google, o ChatGPT, pero el recuerdo de abrir todos los viernes esa guía, que cada día estaba más roñosa por el uso que le dábamos, e ir señalando los restaurantes en los que ya habíamos estado mientras buscábamos nuevos sitios nunca se me olvidará.

Después de comer, siempre acabábamos en el Magnolia de Bleecker St. Es nuestra *bakery* favorita y se hizo famosa porque Sarah Jessica Parker iba a merendar ahí con sus amigas en la popular serie de *Sexo en Nueva York.* Siempre nos pedíamos lo mismo: un *muffin red velvet* y un *hot chocolate* con *whipped cream* por encima. Nos costaba muchísimo que los camareros nos entendiesen, sobre todo al decir *hot chocolate.* Teníamos que repetirlo mil veces hasta que mi profesor de inglés un día me contó que, a diferencia de los españoles que solemos pronunciar *cho-co-late* en tres sílabas, ellos lo decían en dos: *cho-clet.*

Ese viernes, mientras nos bebíamos nuestro *hot chocolate,* mi padre me contó un cuento al que llamó *El círculo del 99.*

El cuento del círculo del 99

En un país no muy lejano había un rey muy triste, el cual tenía un sirviente que siempre estaba pleno y feliz. Todas las mañanas, cuando le llevaba el desayuno, el sirviente lo despertaba tarareando alegres canciones de juglares. Siempre había una sonrisa en su cara, y su actitud hacia la vida era serena y alegre.

Un día el rey lo mandó llamar y le preguntó:

—Paje, ¿cuál es el secreto?

—¿Qué secreto, Majestad?

—¿Cuál es el secreto de tu alegría?
—No hay ningún secreto, Alteza.
—No me mientas. He mandado cortar cabezas por ofensas menores que una mentira.
—Majestad, no tengo razones para estar triste. Su Alteza me honra permitiéndome atenderlo. Tengo a mi esposa y a mis hijos viviendo en la casa que la Corte nos ha asignado, estamos vestidos y alimentados, y además Su Alteza me premia de vez en cuando con algunas monedas que nos permiten darnos pequeños gustos. ¿Cómo no estar feliz?
—Si no me dices ya mismo el secreto, te haré decapitar —dijo el rey—. Nadie puede ser feliz por esas razones que has dado.
El sirviente sonrió, hizo una reverencia y salió de la habitación. El rey estaba furioso, no conseguía explicarse cómo el paje vivía feliz así, vistiendo ropa usada y alimentándose de las sobras de los cortesanos. Cuando se calmó, llamó al más sabio de sus asesores y le preguntó:
—¿Por qué él es feliz?
—Majestad, lo que sucede es que él está por fuera del círculo.
—¿Fuera del círculo? ¿Y eso es lo que le hace feliz?
—No, Majestad, eso es lo que no le hace infeliz.
—A ver si entiendo: ¿estar en el círculo le hace infeliz? ¿Y cómo salió de él?
—Es que nunca entró.
—¿Qué círculo es ese?
—El círculo del noventa y nueve.
—Verdaderamente, no entiendo nada.

—La única manera para que entendiera sería mostrárselo con hechos.

—¿Cómo?

—Haciendo entrar al paje en el círculo. Nadie puede obligar a nadie a entrar en el círculo, pero si le damos la oportunidad, posiblemente entrará por sí mismo.

—¿Pero no se dará cuenta de que eso es su infelicidad?

—Sí se dará cuenta, pero no lo podrá evitar.

—¿Dices que él se dará cuenta de la infelicidad que le causará entrar en ese ridículo círculo, y de todos modos lo hará?

—Tal cual, Su Majestad. Si usted está dispuesto a perder un excelente sirviente para entender la estructura del círculo, lo haremos. Esta noche pasaré a buscarlo. Debe tener preparada una bolsa de cuero con noventa y nueve monedas de oro.

Así fue. El sabio fue a buscar al rey y juntos se escurrieron hasta los patios del palacio y se ocultaron junto a la casa del paje. El sabio guardó en la bolsa un papel que decía: «Este tesoro es tuyo. Es el premio por ser un buen hombre. Disfrútalo y no le cuentes a nadie cómo lo encontraste».

Cuando el paje salió por la mañana, el sabio y el rey lo estaban espiando. El sirviente leyó la nota, agitó la bolsa y al escuchar el sonido metálico se estremeció. La apretó contra el pecho, miró hacia todos lados y cerró la puerta. El rey y el sabio se acercaron a la ventana para ver la escena. El sirviente había tirado todo lo que había sobre la mesa, dejando solo una vela, y había vaciado el contenido de la bolsa. Sus ojos no podían creer lo que veían: ¡una montaña de monedas de oro! El paje las tocaba, las amontonaba y las alumbraba con la vela. Las juntaba y desparramaba, jugaba con ellas... Así, empezó a hacer pilas de diez monedas. Una pila de diez, dos pilas de diez, tres, cuatro, cinco pilas de diez... hasta que formó la última pila: ¡nueve monedas! Su mirada recorrió la mesa primero; luego, el suelo, y finalmente la bolsa. «No puede ser», pensó. Puso la última pila al lado de las otras y confirmó que era más baja.

—Me robaron —gritó—, me robaron. ¡Malditos!

Una vez más buscó en la mesa, en el suelo, en la bolsa, en su ropa. Corrió los muebles, pero no encontró nada. Sobre la mesa como burlándose de él, una montañita resplandeciente le recordaba que había noventa y nueve monedas de oro. «Es mucho dinero —pensó—, pero me falta una moneda. Noventa y nueve no es un número completo. Cien es un número completo».

El rey y su asesor miraban por la ventana. La cara del paje ya no era la misma, tenía el ceño fruncido y los rasgos tensos, los ojos se veían pequeños y la boca mostraba un horrible rictus. El sirviente guardó las monedas y, mirando para todos lados con el fin de cerciorarse de que nadie lo viera, escondió la bolsa entre la leña. Tomó papel y pluma y se sentó a hacer cálculos. ¿Cuánto tiempo tendría que ahorrar para comprar su moneda número cien? Hablaba solo en voz alta. Estaba dispuesto a trabajar duro hasta conseguirla; después, quizás no necesitaría trabajar más. Con cien monedas de oro un hombre puede dejar de trabajar. Con cien monedas de oro un hombre es rico. Con cien monedas de oro se puede vivir tranquilo. Si trabajaba y ahorraba, en once o doce años juntaría lo necesario.

Hizo cuentas: sumando su salario y el de su esposa, reuniría el dinero en siete años. ¡Era demasiado tiempo! Pero ¿para qué tanta ropa de invierno?, ¿para qué más de un par de zapatos? En cuatro años de sacrificios llegaría a su moneda cien. El rey y el sabio volvieron al palacio. El paje había entrado en el círculo del noventa y nueve. Durante los meses siguientes, continuó con sus planes de ahorro. Una mañana entró a la alcoba real golpeando las puertas y refunfuñando.

—¿Qué te pasa? —le preguntó el rey de buen modo.

—Nada —contestó el otro.

—No hace mucho, reías y cantabas todo el tiempo.

—Hago mi trabajo, ¿no? ¿Qué querría Su Alteza, que fuera también su bufón y juglar?

No pasó mucho tiempo antes de que el rey despidiera al sirviente. No era agradable tener un paje que estuviera siempre de mal humor.

Cuando acabó de contarme el cuento, me explicó que la mayoría de las personas, sin ni siquiera darnos cuenta, entramos en el círculo del 99. En ese círculo en el que parece que siempre nos falta algo y no quedaremos satisfechos hasta conseguirlo. Me dijo que, para salir de ese círculo y que no me pasase nunca lo que le sucedió al sirviente, era necesaria la aplicación del tercer poder: el poder de la gratitud.

—Dani, si en lugar de pensar tanto en qué necesitamos, valoráramos sin más lo que tenemos, seguramente nos sentiríamos mucho más plenos y felices. La gratitud es el antídoto contra la envidia, pero también contra el deseo. Mientras que el deseo se origina en algo que no tenemos, la gratitud viene de algo que poseemos, y que probablemente no apreciamos lo suficiente. Tu atención condiciona tu emoción. Si pones la atención en lo que te falta, sentirás envidia o deseo. Si la pones en lo que tienes, sentirás gratitud y bienestar. ¿Has pensado cuánto desearías lo que tienes si lo perdieras?

Después de la merienda, siempre íbamos a un cine que estaba en la misma calle. Ese día, cuando abrimos la puerta para entrar al cine, salía un hombre con varias personas a su alrededor. Era el mismísimo Steven Spielberg. Mi padre me dijo que corriera para hacerme una foto con él. Yo, sin entender la emoción, respondí: «Pero ¿quién es Steven Spielberg?». A lo que mi padre puso su cara de «uff, creo que me estoy haciendo viejo».

***

Al día siguiente, con la música a todo volumen, mi padre me dio los buenos días y me dijo que era hora de comenzar con el tercer poder. Me dio un cuaderno y un boli nuevos, y me avisó de que el tercer poder lo empezaríamos a hacer juntos todas las mañanas, sin excepción.

—Este cuaderno lo utilizarás para dar las gracias. Parece fácil y efectivamente lo es; pero, aunque te parezca mentira, te aseguro que lo que haremos ahora no lo lleva a cabo ni el 0,0001 por ciento de la gente. Tienes que ser constante y realizarlo todos los días. Este poder te va a cambiar la vida —me advirtió.

Mi padre abrió su cuaderno de color negro.

✱ **Abro paréntesis.** Todo lo que tenía mi padre era negro o blanco. Su armario estaba dividido en dos. Las cosas blancas en el lado de la izquierda y las negras en la parte derecha. Sus calcetines, sus zapatos, sus calzoncillos, todo era o blanco o negro. Según él, es un método para no perder el tiempo en elegir la ropa. **Cierro paréntesis.**

Cuando abrió su cuaderno vi que tenía casi todas las páginas escritas. Hojas y hojas escritas de arriba abajo, por delante y por detrás sin ningún tipo de margen. Me fijé que todas las frases empezaban con la palabra «gracias» y que la primera frase de cada página decía siempre lo mismo: «Gracias por un día más y por el día tan maravilloso que me dejaste disfrutar ayer». Debajo, seguían frases del tipo «gracias por la comida que pude disfrutar junto a mi hija», «gracias por la reunión de trabajo que salió tan bien», «gracias por mi cuerpo, mis piernas, mis brazos», «gracias porque pude ir al gimnasio y trabajar mi cuerpo», «gracias por el rato de ayer por la noche viendo una serie con mi hija en el sofá», «gracias por mi vista, que me permite apreciar las maravillas de este mundo», «gracias, mis angelitos, por cuidarnos tanto», «gracias, gracias y gracias».

Poco a poco, empecé a crear ese hábito. Y hoy, quince años más tarde, lo sigo haciendo.

Sin duda, el poder de la gratitud debería ser parte de la educación de cualquier niño. Dar las gracias es muy importante porque cuando todo va bien reconoces lo afortunado que eres, pero cuando todo parece torcerse, dar las gracias es como un antídoto para el alma. Por mal que estén las cosas, siempre hay algo por lo que sentirte afortunado. El universo te ha concedido un día más para vivir, para estar con tus seres queridos, para admirar la naturaleza. De hecho, muchas veces solo se trata de tomar conciencia de lo afortunado que eres para recuperar fuerzas y seguir adelante.

La palabra «milagro» tiene una etimología interesante, que se relaciona con la idea de mirar atenta o lentamente. Proviene del latín *miraculum,* que significa «objeto de asombro». A su vez, *miraculum* deriva de *mirari,* que significa «maravillarse» o «mirar con asombro». Al final, si mirásemos con atención, si observáramos más lentamente, nos daríamos cuenta de que todo lo que pasa a nuestro alrededor es un verdadero milagro.

¿Te has preguntado por qué no salimos a ver de vez en cuando el espectáculo más bonito del mundo, si encima es gratis? Hablo del amanecer. Muy simple. Se debe al fenómeno que los expertos han denominado la «adaptación hedónica». Un concepto psicológico que dice que la mayoría de las personas no valoramos lo que tenemos, y mucho menos damos gracias por ello, porque pensamos que nos merecemos nuestra vida o lo que tenemos por el simple hecho de estar vivos y por haber nacido en este planeta.

Cuando llega a nuestra vida algo bueno se eleva nuestra sensación de bienestar, pero la mejora es solo temporal. Con el tiempo, la emoción se atenúa y volvemos a nuestro nivel de satisfacción inicial. Deberíamos recordarnos más a menudo, si no cada segundo del día, que todo lo que tenemos es un préstamo del universo y puede ser reclamado en cualquier momento.

Mi padre siempre dice que solo hay dos cosas en la vida que hacen a un hombre infeliz. Si eres capaz de evitarlas, conseguirás ser una persona inmensamente feliz. Se refiere a la expectativa y a la comparación.

Por un lado, los problemas o contratiempos son tan solo cosas que pasan como no esperamos que ocurran. Cuando establecemos expectativas extremadamente altas o poco realistas, para nosotros mismos o para determinadas situaciones, es probable que, cuando no se cumplen, nos sintamos decepcionados. Esto puede llevar a la infelicidad porque estamos constantemente insatisfechos con lo que tenemos.

Por otro lado, al compararnos con otras personas, especialmente en la era de las redes sociales, podemos sentir que no estamos a la altura. Esto puede generar envidia y sentimientos de inferioridad. Y aquí, la falta de gratitud podría hacernos sentir que nuestra vida es menos valiosa o satisfactoria de lo que realmente es.

> «Un contratiempo es algo que no pasa como esperábamos, pero que interiormente sabemos que siempre es para bien».
>
> Luis Álvarez

¡Te toca a ti hacer magia!
Los 3 pasos para mejorar tu vida

1. Mira con atención para darte cuenta de que todo lo que pasa a tu alrededor es un milagro. Cómprate un cuaderno y empieza a dar las gracias por las cosas que te sucedieron el día anterior. Por tu cuerpo, tu vista, tu olfato, tus piernas, tu familia, tu trabajo... ¡Hay tantas cosas de las que estar agradecido! Y tampoco tienes excusa, te quitará menos de dos minutos diarios.
2. Quítate de la cabeza la adaptación hedónica. Adquiere el hábito de pensar y valorar cada «pequeño» detalle de tu día a día. Aprecia lo que tienes mientras persigues otras cosas que quieres.
3. Solo hay dos cosas que pueden hacer infeliz a un hombre: la expectativa y la comparación. Sé consciente de ello, deja atrás la comparación y no tengas expectativas. Si lo consigues... ¡serás inmensamente feliz!

4

El poder de la actitud

Tu cualidad más poderosa

«No hay situaciones buenas o malas, todo depende del prisma desde el que quieras verlas».
EPICTETO

Eran las siete de la mañana, por lo que mi padre ya llevaba tres horas despierto. Mientras sonaba *Fathers and Daughters Never Say Goodbye,* y con una voz lo suficientemente fuerte para que los vecinos pudieran oírla, dijo mientras miraba por la ventana:

—Dani, hoy tienes dos opciones: ¡ser feliz o ser inmensamente feliz! ¿Qué opción vas a escoger?

✱ **Abro paréntesis.** Eso de rezar o hablar en voz alta al universo, a la vida, o a tus angelitos tiene su lógica. Mi padre siempre dice que muchas personas no consiguen lo que desean porque no lo piden de manera clara y directa. Además, el universo necesita escucharnos, y cuanto más alto pidamos o recemos, más fuerte y clara será la respuesta que nos llegue. **Cierro paréntesis.**

Nunca he sido de tener buen despertar. Me encanta dormir y odio madrugar. Y menos para ir al cole, claro. Esa mañana, lo último que me apetecía era ser inmensamente feliz, pero teniendo solo esas dos opciones, acabé escogiendo la mejor:

—Inmensamente feliz, papi —contesté.

Esas tres palabras fueron las primeras tres palabras que saldrían por mi boca nada más levantarme, día tras día, durante los siguientes años.

Aunque ya con veintiocho años no tengo a mi padre «gritándome» por la mañana, cuando abro los ojos, de alguna manera, esas palabras surgen en mi cabeza y me digo a mí misma: «Dani, hoy escoges ser inmensamente feliz».

Después de haber elegido ser inmensamente feliz, llegó lo que he llamado «el ritual de las preguntas diarias». Una sección que mi padre había puesto en medio de los dos paneles de visualización y que leíamos juntos en voz alta todos los días. Decía esto:

Hoy podría ser tu último día, ¿soy inmensamente feliz?
¿Qué voy a hacer hoy para disfrutar?
Lo que voy a hacer hoy, ¿es realmente lo que me gusta hacer?
¿Qué voy a hacer hoy que me haga crecer?
Si me imponen que voy a tener que vivir esta vida una y otra vez, ¿he hecho y estoy haciendo lo que realmente quiero?
¿Tengo alguna deuda? ¿Tengo alguna cuenta pendiente para pedir perdón?
¿Te gusta en quién te estás convirtiendo?
¿Qué valor aportas al mundo?

***

El día que me reveló cuál era el cuarto poder, yo había llegado a casa muy triste del colegio. Como mi padre se dedica al mundo del teatro, le pareció genial llevarme a un colegio de artes escénicas, el Professional Performing Arts School (PPAS). Además, era muy conveniente porque era uno de los pocos colegios públicos de la zona y nos pillaba muy cerquita de casa. En ese momento, yo era muy pequeña, tímida, introvertida, y a diferencia de mis compañeros que tenían un talento increíble, yo no sabía ni cantar, ni actuar, ni bailar y, otro detalle importante, tampoco sabía inglés. O sea, un desastre. Tal desastre que estuve yendo a una clase de Biología que no era la mía y me enteré ya cuando se estaba acabando el curso escolar.

Entre ese tipo de cosas, que no tenía muchos amigos, que echaba de menos a mi madre, y que me moría de la vergüenza cada vez que tenía que cantar, bailar o hacer monólogos enfrente de la clase, pasaba muchos días malos y llegaba a casa muy triste.

> ✱ **Abro paréntesis.** Gracias a ese colegio, mi personalidad cambió y pasé a ser lo opuesto a tímida e introvertida. Creo que el arte dramático debería ser una asignatura obligatoria en los colegios. Fomenta la valentía, el coraje y refuerza la seguridad en uno mismo. **Cierro paréntesis.**

—Dani, en los días que te sientas triste o frustrada, tan solo tienes que acudir a una de las cinco técnicas —me dijo mi padre mientras se me caía una lagrimilla por la cara.

—Y ¿cuáles son esas técnicas? —respondí.

Me las enumeró: la regla de los cinco años, la regla de mirar desde arriba, la regla de ¿está bajo mi control?, la regla de *reverse the formula* y la regla de la sonrisa.

—En este caso, con la primera, la de los cinco años, nos servirá —dijo—. Mi vida, cuando te pongas delante de tus compañeros a cantar, cuando suspendas un examen, cuando te roben el móvil, cuando pierdas tu abrigo, cuando se rían de ti por tu acento, cuando te enfades con alguien, cuando te pase cualquiera de esas cosas, tienes que pararte un momento y pensar: «¿Me importará esto dentro de cinco años?». Te aseguro que en un noventa y nueve por ciento de las veces la respuesta es «no». ¿Qué narices te va a importar todo eso dentro de cinco años? ¿Recordarás siquiera este día?

Es cierto, pero lo mejor es que con el tiempo me di cuenta de que si en vez de pensar en cinco años, piensas: «¿Me importará esto dentro de un año?», en el noventa y nueve por ciento de los casos la respuesta sigue siendo un claro «no».

En el caso de que la respuesta sea «sí», entonces pregúntate si en diez, veinte, treinta o incluso cien años, eso te seguirá importando. ¿Y dentro de mil? No debemos perder la tranquilidad ni nuestra paz interior por eventos sin importancia, y nada la tiene en comparación con la inmensidad del espacio y del tiempo. Nuestra propia vida pasará rápidamente y será reemplazada por otras. La preocupación nunca cura nada. Y encima casi nada de lo que nos preocupa acaba ocurriendo.

Le pregunté por las otras técnicas y me pidió que tuviese paciencia, que me las revelaría durante el fin de semana.

Ese fin de semana volamos a España por Navidad y nos fuimos unos días a esquiar a casa de mi tía Nuria a Formigal (la llamo mi tía Nuria, pero en realidad es la mejor amiga de mi madre y una de mis consejeras). Después de esquiar, nuestra tradición es irnos a pasear por Sabiñánigo, un pueblecito en Huesca rodeado de montañas y un embalse precioso.

Mientras caminábamos alrededor del embalse de Lanuza, nos detuvimos un momento para admirar el paisaje. Frente a nosotros se extendía un gran pantano, sobre cuya superficie se reflejaban las majestuosas montañas. El cielo, teñido de rosa por el atardecer, le daba un toque mágico a todo. La verdad es que la inmensidad del agua, rodeada por esas enormes montañas, me hacía sentir muy pequeña.

De repente, mi padre rompió el silencio:

—Pero ¡qué maravilla! Las montañas, el silencio, el agua, el cielo, los colores… Hija, cuando haya algún ruido en tu vida, cuando piensas que las cosas van mal y que no puedes escapar de una situación, vente aquí, a la naturaleza. Escucha el silencio. Es como si aquí no pasara nada. Todo está tranquilo, no hay ruido. Al lado de enormes montañas o inmensos océanos nuestros problemas parecen más pequeños, ¿verdad? Eso es porque somos parte de algo mucho más grande.

Hizo una pausa y luego continuó:

—Dani, cuando sientas alguna emoción mala, fuerte o de tristeza, simplemente es que estás perdiendo la claridad y, cuando te pase eso, lo único que tienes que hacer es «mirar desde arriba». Visualízate desde una gran altura. Notarás cuán pequeña eres en comparación con la ciudad, con las montañas, con la grandeza de la naturaleza. Notarás cuán pequeña es esa ciudad en comparación con el país. Luego te darás cuenta de que el país es pequeño comparado con la Tierra, y que el propio planeta no es más que un pequeño punto en la galaxia. Una de las mejores formas de recuperar la perspectiva es salir a la naturaleza.

Mientras continuábamos nuestro paseo, me quedé pensando en sus palabras y realmente sentí lo que decía. Allí todo estaba tranquilo, como si solo por estar ahí fueses «huevito» de los problemas del mundo, y de los de tu mundo. Allí no eras localizable, por lo que ahí no pasaba nada; era como un lugar seguro.

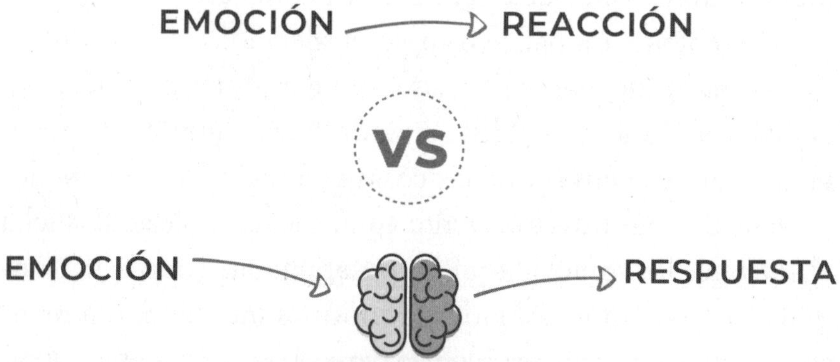

«Nunca dijo una cosa la naturaleza y otra la sabiduría».
EDMUND BURKE

Ese maravilloso paseo acabó con la explicación de la tercera técnica.

—Además, mi vida, cuando algo te afecte más de la cuenta es muy importante que te preguntes si ese «contratiempo», y recuerda que un contratiempo es tan solo algo que no pasa como esperábamos, depende de ti. Solamente has de enfocar tu energía y esfuerzo en aquello que depende de ti. Preocuparse por cosas que ya han pasado y que no están dentro de tu control solo te generará ansiedad y frustración. Acepta tu realidad y céntrate en lo que puedes controlar. Cada día tenemos una elección: disfrutar de este momento y aprovechar lo bueno, o lamentarnos porque no incluye todo lo que queremos. ¡¡¡Recuerda la hoja blanca y el punto negro!!!

Esa noche, antes de subirnos a la cama, mientras estábamos frente a la chimenea, en vez de contarme un cuento, compartió conmigo algo que le había pasado la semana pasada de camino al trabajo.

—El otro día iba por la calle y sin querer me choqué con una persona que llevaba un vaso con café en la mano. Al chocar, el café hirviendo me cayó encima y me manchó toda la ropa. Me fui corriendo a casa para cambiarme porque iba de camino a una reunión importante. Ese vaso podía haber estado lleno de agua tibia y entonces no habría sido tan grande el daño. Daniela, si alguna vez chocas con alguien, recuerda que eres tú y solamente tú la que decides de qué está lleno el vaso. Tarde o temprano acabas chocando en la vida y tú decides cuál será tu reacción. Mi consejo es que le des la vuelta a la fórmula o, como dicen los ingleses, *reverse the formula.* ¿Qué es lo que quería realmente dentro de mí? Estar ya con una camisa limpia, ¿verdad? Pues… ¿para qué perder el tiempo enfadándome o quejándome? Pierdes menos tiempo si resuelves lo que tienes que arreglar. Si seguimos este esquema, pasaremos de reaccionar emocionalmente a responder racionalmente, y te aseguro que el impacto en nuestra vida y estado mental será enorme.

«No reímos porque somos felices, somos felices porque reímos».
William James

Muchas veces pensamos que los demás actúan con mala intención, cuando en la mayoría de las ocasiones es por despiste o incompetencia. Aunque el resultado sea el mismo, nuestra ira disminuye si entendemos que las acciones de los demás casi siempre son accidentales y no están dirigidas contra nosotros. De hecho, a menudo están justificadas y nosotros actuaríamos igual si estuviéramos en su lugar.

Piensa en esto: tal vez el conductor que se metió en tu carril llevaba a su hija enferma al hospital. O quizás no, pero aceptar la posibilidad de que podría tener un motivo válido para su comportamiento, y que probablemente no tenga nada que ver contigo, reducirá tu enfado. ¿Cuántas veces sin querer has hecho tú algo que te enfurece cuando lo hacen los demás? Aceptar los errores de otros es tan importante como aceptar los tuyos. No dejes que nadie tenga el poder de alterar tu paz mental.

La última técnica, la de sonreír, es posiblemente la más importante de todas. Y aunque parece sencilla, es la que más nos cuesta, al menos a mí. Mi padre, que por cierto es la persona más sonriente que conozco, dice que una sonrisa es nuestra arma más poderosa.

—¿Sabes por qué estoy siempre sonriendo? Una sonrisa abre puertas, es como una luz que atrae. Las personas buscamos rodearnos de gente feliz y que sonríe. Cuando sonríes, inspiras a los demás a acercarse a ti. Además, es la mejor técnica de todas, porque te ayuda a cambiar la perspectiva. Si sonríes, aunque sea una sonrisa forzada, el cerebro interpreta ese gesto como una señal de felicidad. Como resultado, libera endorfinas, que son neurotransmisores asociados con la sensación de placer y bienestar. Estas hormonas pueden reducir el estrés y mejorar tu estado de ánimo.

«Señor, concédeme serenidad para aceptar las cosas que no puedo cambiar, coraje para cambiar las que sí puedo y sabiduría para discernir la diferencia».
REINHOLD NIEBUHR

Los pensamientos

> «Nuestro destino no es planificado por algún poder externo, nosotros somos quienes lo trazamos. Lo que pensamos en el presente determina lo que nos sucederá en el futuro. No hay nada en tu vida que no puedas modificar, cambiar o mejorar cuando aprendes a regular tu pensamiento».
>
> Christian D. Larson

Dicen que atraes aquello en lo que te enfocas, y por eso mi padre me inculcó desde pequeñita la importancia de tener pensamientos positivos. Al final, nuestros pensamientos, creencias y emociones actúan como una lente a través de la cual interpretamos el mundo. Si cambiamos esa lente, cambiamos nuestra perspectiva.

—Pero ¿cómo voy a controlar mis pensamientos, papá? ¡No puedo! —le solía decir.

Siempre me contestaba con este cuento:

El cuento de los dos monjes

Érase una vez dos monjes zen que caminaban por el bosque de regreso a su monasterio.

En su camino debían cruzar un río, en el que se encontraron llorando una mujer muy joven y hermosa que también quería cruzar, pero tenía miedo.

—¿Qué pasa? —le preguntó el monje más anciano.

—Señor, mi madre se muere. Está sola en su casa, al otro lado del río y no puedo cruzar. Lo he intentado —siguió la mujer—, pero me arrastra la corriente y nunca podré llegar al otro lado sin ayuda. Ya pensaba que no volvería a verla con vida, pero aparecisteis vosotros y podéis ayudarme a cruzar...

—Ojalá pudiéramos ayudarte —se lamentó el más joven—, pero el único modo posible sería cargarte sobre nuestros hombros a través del río y nuestros votos de castidad nos prohíben todo contacto con el sexo opuesto. Lo lamento, créeme.

—Yo también lo siento —dijo la mujer llorando desconsolada.

El monje más viejo se puso de rodillas y dijo a la mujer:

—Sube.

La mujer no podía creerlo, pero inmediatamente cogió su hatillo de ropa y montó sobre los hombros del monje.

Monje y mujer cruzaron el río con bastante dificultad, seguidos por el monje joven. Al llegar a la otra orilla, la mujer descendió y se acercó con la intención de besar las manos del anciano monje en señal de agradecimiento.

—Está bien, está bien —dijo el anciano retirando las manos—. Por favor, sigue tu camino.

La mujer se inclinó con humildad y gratitud, tomó sus ropas y se apresuró por el camino del pueblo. Los monjes, sin decir palabra, continuaron su marcha al monasterio... aún tenían por delante diez horas de camino.

El monje joven estaba furioso. No dijo nada, pero hervía por dentro. Un monje zen no debía tocar una mujer y el anciano no solo la había tocado, sino que la había llevado sobre los hombros.

Al llegar al monasterio, mientras entraban, el monje joven se giró hacia el otro y le dijo:
—Tendré que decírselo al maestro. Tendré que informar acerca de lo sucedido. Está prohibido.
—¿De qué estás hablando? ¿Qué está prohibido? —interrogó el anciano.
—¿Ya te has olvidado? Llevaste a esa hermosa mujer sobre tus hombros —dijo aún más enojado.
El viejo monje se rio y luego le respondió:
—Es cierto, yo la llevé. Pero la dejé en la orilla del río, muchas leguas atrás. Sin embargo, parece que tú todavía estás cargando con ella...

—Mi vida, al igual que le pasó al monje, a veces nuestros pensamientos nos atrapan en emociones dañinas como la ira o el rencor. Si no las dejamos atrás, podemos cargar con sentimientos de culpa o resentimiento. Es importante aprender a superar estos sentimientos, porque si no lo hacemos, se convertirán en un peso que nos impide seguir avanzando en nuestro crecimiento personal —me explicó.

Aprendí que, como el poder de la fe, el tener pensamientos positivos también es una cuestión de hábitos. A lo largo del tiempo me enseñó varias técnicas clave que ahora quiero compartir contigo, para que puedas entrenarlo. Algunas ya las conocerás, pero aquí las tienes todas juntas para que las recuerdes siempre que lo necesites.

1. **Observa desde fuera:** los pensamientos son ajenos a ti y los has de observar desde fuera. Se trata de conocer tus pensamientos y emociones sin juzgarlos ni reaccionar de inmediato. Cuando te llegue un pensamiento negativo, inmediatamente «míralo» y piensa: «¿Por qué estoy pensando esto?». Entonces, acude de nuevo al cuento de la hoja en blanco. La meditación puede ayudarte a calmar tu mente y a observar tus pensamientos de manera objetiva.
2. **Visualiza y habla en positivo:** puedes cultivar pensamientos positivos mediante la visualización de situaciones y resultados positivos. El imaginar escenarios felices y exitosos influye en tus pensamientos y emociones. Además, hablar en positivo es muy importante. Si te preguntan qué tal te va, contesta que fenomenal. Si dices que mal y cuentas tus penas, la gente empezará a verte como un *cagapenas;* pensará que te va mal y así, inevitablemente, te acabará yendo mal. Habla en positivo y atraerás lo bueno. Nunca verás a un amargado con una persona feliz. ¡Los amargados van juntos!
3. **Sé agradecido:** aprecia lo que tienes y piensa constantemente en todos los milagros que hay a tu alrededor. Eso te ayudará a generar pensamientos positivos.
4. **Repite tus mantras:** utiliza frases cortas y poderosas como «estoy en paz», «soy suficiente», «confío en la vida» o «toda la fuerza y el poder del mundo está en mi interior» para contrarrestar los pensamientos negativos cuando estos surgen.

5. **Vive el presente:** practica la atención plena para enfocarte en el momento presente, sin preocuparte por lo que ya pasó o lo que podría suceder.
6. **Reformula:** identifica pensamientos negativos o irracionales y transfórmalos en pensamientos más equilibrados y positivos. Por ejemplo, si te enfrentas a una situación difícil, en lugar de pensar «no puedo hacerlo» reformula la idea a «esto es difícil, pero puedo encontrar una solución».

Los «neimayas»

> «En esta vida puedes ser todo lo que tú quieras, el único impedimento eres tú mismo».
>
> Groucho Marx

Como todas las tardes, salí del cole y bajé corriendo las escaleras para subirme al coche de mi padre. Nunca se lo dije, pero… ¡agradecía tanto su puntualidad! Ahora que soy «mayor» me parece increíble que nunca llegara ni un minuto tarde durante aquellos años que vivimos los dos solos. Cuando entré al coche, le noté algo raro. Y eso era muy muy extraño porque, como ya sabes, siempre está contento y muestra lo mejor de él, pase lo que le pase. No sé qué le habría pasado ese día, pero en un semáforo en rojo empezó a hablar de los «neimayas».

—Dani, hoy me he inventado un término para definir a quienes dicen que algo es imposible, los «neimayas».

Inmediatamente me vinieron a la cabeza los «amarillos» de Albert Espinosa. Me encantan los libros de Albert Espinosa: son de los pocos que leo que no son de desarrollo personal. En *El mundo amarillo,* Espinosa dice que las «personas amarillas» tienen un significado especial y positivo. Son aquellas que entran en tu vida y te aportan algo importante. No tienen por qué ser amigos, novios o amantes, sino individuos que te dejan una huella profunda y positiva. Pueden ser personas que conoces brevemente o por un periodo más largo, pero su influencia es duradera.

Sin embargo, por las palabras de mi padre, entendí que los «neimayas» eran todo lo contrario. No te empujan a ser mejor, sino que a todo le ponen pegas, ven lo negativo de cada situación y suelen decir a menudo la palabra prohibida: «Imposible».

—El problema, Dani, es que los «neimayas» no son tus enemigos, porque entonces sería muy fácil distinguirlos. Están en todas partes y pueden ser desde tus hermanos, hasta tus padres, tus amigos... Ellos mismos desconocen que son «neimayas», pero no se sienten realizados, no han encontrado su pasión, no van a llegar nunca a alcanzar sus sueños y, de alguna manera, aunque inconscientemente, intentarán que no alcances los tuyos. Déjame que te cuente lo que pasó una vez en un lago helado.

El cuento del lago helado

Dos niños patinaban tranquilamente sobre un lago helado cuando, de repente, el hielo se resquebrajó y uno de ellos cayó al agua. La corriente lo arrastró por debajo de la capa helada, atrapándolo bajo el hielo.

Su amigo gritó pidiendo ayuda, pero nadie acudía. Rápidamente, buscó una piedra y empezó a golpear el hielo con todas sus fuerzas. Golpeó, golpeó y golpeó, hasta que abrió una grieta lo suficientemente grande como para meter el brazo y, tirando con todas sus fuerzas, consiguió sacar a su amigo.

Al poco llegaron los bomberos y al escuchar lo ocurrido, quedaron muy sorprendidos:

—¿Cómo es posible que un niño haya conseguido romper una capa de hielo tan gruesa? —se preguntaban—. No tiene la fuerza suficiente...

Al escuchar las preguntas de los bomberos, un anciano que observaba la situación dijo:

—Yo sé cómo lo hizo.

—¿Cómo? —preguntaron los bomberos sorprendidos.

—Porque no había nadie que le dijera que no podía hacerlo. El niño no sabía que lo que estaba haciendo era imposible, y por eso lo consiguió.

La humildad

«La humildad es la base de todas las virtudes».
Confucio

Antes de dormir, además de algún cuento, teníamos otro ritual: rezar juntos el Jesusito de mi vida. Mi padre decía una frase y yo otra, hasta el «Amén» que lo decíamos los dos a la vez. (¡Y me encanta que aún lo hagamos cuando dormimos juntos!).

Jesusito de mi vida, tú eres niño como yo,
por eso te quiero tanto y te doy mi corazón.
Tómalo, tómalo, tuyo es y mío no.
Ángel de mi guarda, dulce compañía,
no me desampares ni de noche ni de día, que si no me perdería.
En el nombre del Padre, del Hijo,
del Espíritu Santo, Amén.

Al terminar, desde la cama, miré nuestros paneles de visualización y le pregunté por qué una de las palabras que más destacaba en el suyo era HUMILDAD.

—Hija, ser humilde no es una opción, sino una obligación. Dani, la vida es cíclica: un día estás arriba y otro día, abajo; y, como ya sabes, nuestro paso por este mundo es transitorio. ¿O acaso nosotros no nos vamos a morir nunca? Todo lo que tenemos son cosas que los de arriba nos dejan disfrutar, pero tarde o temprano pertenecerán a otros. Así que recuerda: cuando estés pasando por una mala racha, ten la confianza de que volverás a estar arriba, y cuando estés arriba, ve con mucha humildad, porque te aseguro que, en algún momento, regresarás abajo.

Me vino a la cabeza el mote que le había puesto hace unas semanas: el simpaticón. Le puse el mote por la sonrisa que siempre tiene en la cara, y por la amabilidad con la que trata a cualquiera que se cruza en su camino. Es tan extremadamente simpático que es imposible que alguien no piense «qué simpático es este hombre».

Le pregunté si con lo de ser humilde quería decir que yo también debía ser la simpaticona. Su respuesta no la olvidaré jamás:

—Ja, ja, ja: pues claro. Todos deberíamos aspirar a ser simpaticones. Y esta es la razón: piensa que absolutamente todo de lo que disfrutas en este mundo, en tu día a día, es gracias al trabajo duro de alguien, incluso de muchas personas. Piensa, por ejemplo, en el ColaCao que te tomas por las mañanas y tanto te gusta. Un pastor ha tenido que ordeñar la vaca y cientos de personas han estado trabajando en una fórmula para crear tu bebida favorita. Piensa en las calles por las que caminas y los edificios de la ciudad. Alguien ha tenido que pintarlas para que tú las veas bonitas. ¿Y las medicinas que te tomas para encontrarte mejor? ¿Sabes la de gente que ha tenido que trabajar en ese proceso? ¿Y qué pasa con los camareros que te sirven la comida, con lo que te gusta a ti comer fuera? ¿Qué haríamos sin ellos? ¿Y toda la gente que produce las películas que luego vemos en el cine y que tanto disfrutamos? Muchas personas han estado trabajando para construir los aviones en los que viajamos y que nos permiten descubrir lo maravilloso que es el mundo… ¡Toda esa gente que ves día a día por la calle ha trabajado para que tú puedas vivir una vida preciosa! ¿No deberías agradecerles todo eso? ¿No crees que como mínimo deberíamos ponerle una sonrisa a todo el mundo con el que nos cruzamos?

Abro paréntesis. Mientras escribo estas líneas estoy en el hospital porque a mi madre la están operando ahora mismo de cáncer de mama. La pobre lleva dos meses atacada y con ansiedad por la operación. Gracias a Dios, hace unos diez minutos ha salido el cirujano a decirnos que todo está fenomenal y que los dos ganglios que le han quitado para analizar han dado negativo, por lo que ahora solo queda que el cirujano plástico le reconstruya el pecho, y a recuperarse. Otro milagro. Más magia. Te cuento esto porque precisamente hoy más que nunca me ha venido a la cabeza este pensamiento: cuando hablo con los médicos, las enfermeras y todos los que tratan a mi madre en el hospital me siento vulnerable, más pequeñita que esas personas y, en cierto modo, en ese momento, lo soy. La vida y salud de mi madre están en sus manos, y deseo con todas mis fuerzas que la traten lo mejor posible mientras les suplico que, por favor, la curen. Ahora, gracias a ellos, mi madre se ha recuperado. Nunca sabes a quién tienes enfrente ni quién puede ser el médico que hoy ha curado a mi madre. Por eso, nuestra obligación es ser humildes, sonreír más a los demás y juzgar menos. Cuando mires a alguien, piensa que literalmente en sus manos podría estar tu felicidad. **Cierro paréntesis.**

Como ese día no podía dormirme, mi padre me contó dos cuentos, dos de mis favoritos: el de *La leyenda del águila* y el de *La historia que hay detrás de las manos de Durero*.

La leyenda del águila y su renovación

Se dice que el águila puede vivir hasta setenta años, pero para alcanzar esa edad, debe tomar una decisión difícil y dolorosa alrededor de los cuarenta años. A esa edad, sus uñas se vuelven largas y flexibles, lo que le dificulta agarrar a sus presas. Su pico alargado y curvado también se vuelve embotado, y sus alas envejecidas y pesadas, debido a las plumas gruesas, hacen que volar se convierta en una tarea ardua.

Entonces, el águila tiene solo dos opciones: morir o enfrentar un doloroso proceso de renovación que durará unos ciento cincuenta días. Este proceso consiste en volar a lo alto de una montaña y refugiarse en un nido cercano a un acantilado, donde no necesite volar. Una vez que encuentra este lugar, el águila comienza a golpear su pico contra la roca hasta que logra arrancárselo. Luego, espera a que crezca un nuevo pico con el que arrancará sus viejas uñas. Cuando las nuevas uñas comienzan a crecer, procede a arrancar sus viejas plumas.

Finalmente, después de cinco meses, el águila renacida sale de su refugio con su cuerpo renovado. Ahora puede vivir otros treinta años más.

Hay veces en la vida, esas veces que estamos abajo y no encontramos la salida, que tenemos que hacer como el águila. Hay que rendirse y dejar ir ciertas cosas, ya sean creencias, relaciones, o modos de vida que ya no nos sirven. Esto puede ser doloroso, pero es esencial para nuestro crecimiento personal. Solo así podemos encontrar nuevas oportunidades y comenzar una nueva etapa en nuestras vidas.

¿Cuál es la historia detrás de las manos de Durero?

En el siglo XV, en una pequeña aldea cercana a Núremberg, Alemania, vivía una familia con varios hijos. Para poner pan en la mesa para todos, el padre trabajaba casi dieciocho horas diarias en las minas de carbón, y en cualquier otra cosa que se presentara. Dos de sus hijos tenían un sueño: querían dedicarse a la pintura. Pero sabían que su padre jamás podría enviar a ninguno de ellos a estudiar a la Academia. Después de muchas noches de conversaciones calladas, los dos hermanos llegaron a un acuerdo. Lanzarían al aire una moneda, y el perdedor trabajaría en las minas para pagar los estudios al que ganara... Al terminar los estudios, el ganador pagaría entonces los estudios al que quedara en casa con la venta de sus obras. Así, los dos hermanos podrían ser artistas. Lanzaron al aire la moneda un domingo al salir de la iglesia. Uno de ellos, llamado Alberto Durero, ganó y se fue a estudiar a Núremberg. Entonces, el otro hermano, comenzó el peligroso trabajo en las minas, donde permaneció durante los siguientes cuatro años para sufragar los estudios de su hermano, que desde el primer momento fue toda una sensación en la Academia. Los grabados de Alberto, sus tallados y sus óleos llegaron a ser mucho mejores que los de muchos de sus profesores y, para el momento de su graduación, ya había comenzado a ganar considerables sumas con las ventas de su arte.

Cuando el joven artista regresó a su aldea, la familia Durero se reunió para una cena festiva en su honor. Al finalizar la memorable velada, Alberto se puso de pie en su lugar de honor en la mesa, y propuso un brindis por su hermano querido, que tanto se había sacrificado trabajando en las minas para hacer sus estudios una realidad. Y dijo:

—Ahora, hermano mío, es tu turno. Ahora puedes ir a Núremberg a perseguir tus sueños, que yo me haré cargo de todos tus gastos.
Todos los ojos se volvieron llenos de expectativa hacia el rincón de la mesa que ocupaba su hermano. Pero este, con el rostro empapado en lágrimas, se puso en pie y dijo suavemente:
—No, hermano, no puedo ir a Núremberg. Es muy tarde para mí. Estos cuatro años de trabajo en las minas han destruido mis manos. Cada hueso de mis dedos se ha roto al menos una vez, y la artritis en mi mano derecha ha avanzado tanto que hasta me costó trabajo levantar la copa durante el brindis. No podría trabajar con delicadas líneas el compás o el pergamino, y no podría manejar la pluma ni el pincel. No, hermano, para mí ya es tarde. Pero soy feliz de que mis manos deformes hayan servido para que las tuyas ahora hayan cumplido su sueño.
Más de cuatrocientos cincuenta años han pasado desde ese día. Hoy los grabados, óleos, acuarelas, tallas y demás obras de Alberto Durero pueden ser vistos en museos alrededor de todo el mundo. Pero seguramente solo recuerdes uno. Es el que un día, para rendir homenaje al sacrificio de su hermano, Alberto Durero dibujó las manos maltratadas de su hermano, con las palmas unidas y los dedos apuntando al cielo.

Me quedé dormida con dos pensamientos: «Tengo que intentar ser más simpaticona» y «qué fuerte que nunca había pensado en lo que otros han trabajado para que yo pueda disfrutar».

La paciencia

«La paciencia infinita da resultados inmediatos».
Wayne W. Dyer

Ahora me voy a adelantar un poco en el tiempo, a cuando cumplí exactamente veintitrés años. Curiosamente, a esa edad también estaba viviendo en Nueva York. Ya había terminado la carrera y, como te comenté en el primer capítulo, gracias a la magia tuve mi primer trabajo en Naciones Unidas. Luego te contaré un poco más sobre cómo acabé creando mi empresa, pero el caso es que el día que decidí lanzarme a crear lo mío y dejar de trabajar para otros, llamé a mi padre y le pedí que viniese a verme a nuestra gran ciudad.

—He tenido una idea increíble —le dije.

> **Abro paréntesis.** Gracias a mi trabajo he podido conocer a muchísimos emprendedores y, sin duda, mis favoritos son los que piensan que su idea es revolucionaria y la mejor del mundo. Aquellos que creen tanto en su idea que solo ven soluciones a todos los inconvenientes y dificultades que los «neimayas» suelen encontrar cuando les cuentas tu gran idea. Son ese tipo de emprendedores los que llegan realmente lejos. **Cierro paréntesis.**

Mi padre aterrizó al día siguiente. Si algo me ha hecho sentir mi padre es que siempre soy lo primero en su lista de cosas importantes y no de sus cosas urgentes (trataré este tema en el próximo poder).

Ese día salí tarde del trabajo porque hubo una reunión muy importante en la ONU sobre, literalmente, «la guerra de las galaxias». Muchos países se estaban quejando de que China estaba llenando la galaxia de satélites y querían aprobar una resolución para parar esto. *Spoiler:* aunque parezca superinteresante, te prometo que las reuniones de la ONU son larguísimas y aburridísimas.

Cuando salí por aquellas escaleras del mítico edificio de las películas, que está en las orillas del East River, mi padre estaba enfrente, esperándome. Me miraba como un padre orgulloso, tenía hasta brillo en los ojos. Me dio la sensación de que él ya sabía que esa llamada para contarle mi gran idea llegaría algún día, y que solo la estaba esperando.

A veces, al reflexionar sobre mi vida me surge el pensamiento de que, al igual que el padre de las tenistas Serena y Venus Williams, mi padre de alguna manera visualizó mi futuro y yo simplemente estoy siguiendo los pasos que él ya había preparado para mí. Si no conoces su historia, te recomiendo la película *El Método Williams,* protagonizada por Will Smith.

—¿¡Qué tal, mi vida!? ¿¡Cómo ha ido el día!? ¡He reservado en Del Posto! —dijo entusiasmado.

¡Nuestro italiano favorito! Me encantaba la pasta boloñesa de ese sitio. Cuando nos sentamos, fue mi padre quien empezó la conversación.

—Estamos aquí porque has tomado la decisión de iniciar tu propio camino. Quieres crear tu empresa. Cuéntame, ¡estoy deseando escuchar a lo que te vas a dedicar el resto de tu vida! —me pidió.

Le expliqué que quería abrir un medio de comunicación para gente de mi edad, porque mis compañeros de la ONU y yo nos quejábamos cada mañana al leer el periódico. No entendíamos lo que decían, lo hacían todo muy complicado. Nos preguntábamos: «¿Por qué no hablan de forma clara?, ¿por qué no van directo al punto y me hacen perder menos tiempo?, ¿por qué no nos sitúan en el contexto?». Básicamente, yo quería crear un medio de comunicación para *dummies,* explicado con dibujitos, esquemas y viñetas.

Como no podía ser de otra manera, y aunque dentro de él estaría pensando cuestiones del tipo «¿cómo narices ganará dinero con esto?», dijo que le parecía una idea increíble, que yo ya había encontrado el propósito de mi vida y, para terminar, procedió a contarme un «sabías que...»:

¿Sabías que el bambú es una planta que tiene un patrón de crecimiento único? Cuando plantas una semilla de bambú, durante los primeros años ves muy poco progreso. No importa cuánto lo riegues ni cuánto cuidado le des, porque el bambú no crece más allá de unos pocos centímetros de la superficie del suelo. Durante estos primeros años, todo el crecimiento es subterráneo: una compleja y robusta red de raíces que se extiende profundamente en la tierra se está desarrollando para soportar el peso de lo que vendrá después.

Tras cuatro o cinco años de aparente estancamiento, algo increíble sucede. En un período de tan solo seis semanas, el bambú chino crece a una altura de más de treinta metros. Toda esa energía acumulada en el sistema radicular se libera finalmente, permitiendo un crecimiento rápido y espectacular.

Como mi padre es muy Big Fish, sin que se diese cuenta, busqué en el móvil si esto del bambú era verdad. Para mi sorpresa es totalmente cierto.

✱ **Abro paréntesis.** Aparte del simpaticón, mi padre tenía otro mote, el de Big Fish. Si no has visto la peli, te la recomiendo. *Big Fish* trata sobre la relación entre un hijo, Will, y su padre, Edward Bloom. Edward siempre ha contado historias exageradas y fantásticas sobre su vida, lo que llevó a Will a desconfiar de él. Cuando Edward se enferma, Will regresa a casa para pasar tiempo con su padre y tratar de descubrir la verdad detrás de sus historias. Al final descubre que son, en gran parte, ciertas. Y aunque exageradas, muchas de ellas están basadas en hechos reales de su vida. **Cierro paréntesis.**

«Los deseos hacen esclavos a los reyes. La paciencia hace reyes a los esclavos».

Al-Ghazali

—Hija, esta maravilla de la naturaleza se aplica tanto a los negocios como a la vida personal. Ten en cuenta que, en un nuevo emprendimiento como el que vas a llevar a cabo, puede que no veas el éxito inmediatamente. Podrías estar trabajando duro cada día sin resultados aparentes. Pero si estás poniendo los cimientos correctos, aprendiendo de tus errores, ajustando tus estrategias y no te das por vencida estás construyendo tus raíces. Y, al igual que el bambú, tu negocio podría experimentar un crecimiento explosivo una vez que todo esté listo para sostenerlo.

Y continuó:

—Nada que merezca la pena se crea de un día para otro. No pierdas tus objetivos a largo plazo, pero, más importante, mantén tu mente en el presente y aprende a disfrutar del proceso. Celebra cada pequeña victoria y cada paso dado en la dirección correcta. Muchos procrastinan con sus acciones, pero esperan después resultados rápidos. Debes hacer lo contrario. Sé impaciente con las acciones, pero paciente con los resultados. Las grandes obras arquitectónicas fueron construidas por personas con capacidad de visualizar a largo plazo. Si quieres que tu vida sea una gran obra, piensa en años o incluso en décadas. Y siempre, ten paciencia.

Esa noche, antes de dormir, y recordando los viejos tiempos cuando yo vivía en un estudio, me contó una anécdota de la vida de Walt Disney.

Walt Disney, el creador de sueños

Walt Disney ha pasado a la historia como el creador de sueños. Su objetivo era crear el parque infantil más grande del mundo, donde los niños de cualquier parte pudieran disfrutar y jugar, ¡¡y lo consiguió!! Ahora conocemos ese lugar como Disney World.

Disney murió antes de verlo en el plano físico. Sin embargo, había definido perfectamente y plasmado en papel con todo detalle las imágenes de aquello que había visualizado y creado en su mente. Su hermano, Roy O. Disney, fue el encargado de hacer su sueño realidad.
El día que el parque abrió sus puertas, uno de los socios le dijo a Roy: «Qué pena que tu hermano no pueda ver su sueño hecho realidad». A lo que Roy contestó lleno de orgullo y satisfacción: «Mi hermano sí lo vio... y es gracias a que mi hermano lo visualizó y lo imaginó que hoy nosotros podemos verlo hecho realidad».

Ese día me dormí con la sensación de haber tomado una de las decisiones más importante de mi vida, y de que ya no había vuelta atrás. Ya se lo había dicho a mi padre y tenía que seguir adelante. Necesitaba demostrarle que todo lo que él había hecho por mí tendría su recompensa. Además, no me gustan las personas que dicen que van a hacer algo y luego no lo hacen. Esas personas son lo que conocemos como los «motivados». Sentí, de nuevo, que de alguna manera mi camino estaba escrito y que todo se estaba cumpliendo según el plan. Que tan solo debía seguir caminando y tener paciencia.

¡Te toca a ti hacer magia!

1. La mayoría de las personas no tenemos lo que queremos porque no lo pedimos claramente. Eres el responsable de absolutamente todo lo que te suceda en este mundo. Pide las cosas y háblale alto y claro al universo, a tus angelitos o como quieras llamar a eso que hay más grandioso que tú. Al final, todo, tanto lo bueno como lo malo, lo generamos nosotros mismos desde nuestro interior.
2. Nada tiene importancia si lo comparas con la inmensidad del espacio y el tiempo. No pierdas la tranquilidad ni tu paz interior por eventos sin importancia.
3. Pregúntate si está dentro de tu control y si te importará dentro de cinco años.
4. *Reverse the formula.* Controla tu ira y, en vez de enfadarte, enfócate en lo que quieres conseguir.
5. Sonríe. Sonreír, incluso en momentos difíciles, puede ayudarte a romper el ciclo de pensamientos negativos. Es el arma más poderosa que tenemos, ¡no pares de usarla!
6. Sé humilde. Nadie, absolutamente nadie en esta vida triunfa solo y todo lo que disfrutas en este mundo es gracias al trabajo de otros. ¡Empieza por ser el simpaticón!
7. Ten paciencia. Si no ves resultados inmediatos es porque algo importante está ocurriendo bajo la superficie.

5

El poder de las metas

El faro de tu propósito

«Toma las riendas de tu vida. Deja de vivir la vida que otros han diseñado para ti: tienes que convertirte en una persona impredecible».

DANIELA ÁLVAREZ

Viernes 18 de diciembre del año 2009. Recuerdo la fecha exacta porque ese día se estrenaba la primera película de *Avatar* y estuve todo el día impaciente esperando a que llegasen las cinco de la tarde para que mi padre me recogiese del cole, comer en Magnolia e ir al cine.

Cuando el cine empezaba antes de las siete de la tarde, solíamos comer en un restaurante que había enfrente de mi colegio. Muchos días mi padre me esperaba sentado en una mesa escribiendo o trabajando. Era el típico *diner* americano con sofás, pero con toques de restaurante parisino, ya que tenía las mesas mirando hacia la calle.

Me encantaría que ese sitio siguiese abierto porque me trae grandes recuerdos, pero en Manhattan todo va tan rápido que los sitios abren y cierran a la misma velocidad.

Con unos espaguetis boloñesa en la mesa, le conté a mi padre que estaba nerviosa porque me habían mandado hacer un trabajo sobre alguno de los genios de nuestra sociedad actual, y que tenía que exponerlo delante de toda la clase. Básicamente, debía presentar y analizar la vida y trayectoria profesional de empresarios exitosos como Elon Musk, Steve Jobs, Mark Zuckerberg, Richard Branson... el que yo quisiese, pero sacar una moraleja o conclusión de su trayectoria.

Él me ayudaba con todos los trabajos del cole, así que mi padre sabía que, en realidad, le estaba contando la nueva tarea que tendría que añadir a su lista de pendientes de esa semana.

Pero sí: estaba nerviosa porque, en primer lugar, de pequeño le das importancia a cosas que no la tienen y me daba vergüenza hablar en público. Además, porque para mí ese tipo de trabajos implicaba el triple de esfuerzo que para el resto, ya que me lo tenía que aprender de memoria, al pie de la letra porque no quería cometer fallos con el idioma ni quedarme en blanco.

Eso sí, ¡no me digas que este tipo de trabajos que piden en los colegios de Estados Unidos no son mucho más interesantes que los que nos mandan en España!

—¡Perfecto! ¡Me encanta el trabajo! Además, ya tengo la moraleja de todos ellos. Y no te lo vas a creer, pero la moraleja de sus vidas es justo el quinto poder. ¡Si es que todo fluye cuando estás en sintonía con el universo! ¡La vida así es fácil y maravillosa! —dijo entusiasmado.

—¿Cuál es el quinto poder? —pregunté con mucha curiosidad.

—¡Las metas! Las metas nos dan dirección y propósito. Elon Musk, Richard Branson, Mark Zuckerberg... Todos ellos alcanzaron el éxito profesional porque tenían metas claras y sueños en la vida. ¡Ellos son de los que sueñan a lo grande! Y, lo más importante, ¡nunca han dejado de soñar! Además, estas personalidades no solo soñaron con grandes proyectos, sino que también se pusieron objetivos específicos y trabajaron para lograrlos. ¡Tenían un compromiso inquebrantable con sus metas!

Mi padre se tomó un respiro y prosiguió:

—Hija, tener metas y sueños en la vida es importante en el camino hacia el éxito porque nos dan dirección y nos ayudan a saber hacia dónde vamos. Es como contar con un mapa para nuestra vida. Sin metas, sin sueños, podríamos sentirnos perdidos y no avanzar mucho. Las metas nos motivan a hacer cosas, a aprender y a superar problemas. Cuando alcanzamos una meta, nos sentimos bien y orgullosos de nosotros mismos. Las metas nos ayudan a crecer y a ser felices.

Me quedé más tranquila cuando vi que mi trabajo podía quedar muy chulo. Además, esa conclusión está muy en sintonía con el sueño americano, así que seguro que les encantaría.

Mi padre acabó diciéndome que este tipo de personas son de las pocas que entienden el secreto de la vida; que somos pequeños dioses capaces de crear nuestra propia realidad y que, por eso, como yo pertenecía a ese uno por ciento, era capaz de cumplir absolutamente todas mis metas. Tan solo tenía que proponérmelo.

De repente, cogió un vaso de agua que había en la mesa medio vacío y continuó:

—Mira. Imagínate que voy al mar y lleno este vaso. ¿Dirías que lo que hay en el vaso es agua u océano?

—Océano —contesté.

—Exacto. Aunque esté en un vaso, sigue siendo agua del océano, con sus mismas características saladas y minerales. Pues lo mismo nos pasa a nosotros. El vaso sería nuestro cuerpo, pero nuestro cuerpo tan solo está conteniendo el infinito en lo finito. Somos parte de algo mucho más grande, del universo, del todo. Y tú tienes esas mismas características. Para que me entiendas mejor: somos seres limitados en tamaño y tiempo, pero dentro de nosotros hay cualidades y posibilidades infinitas, igual que en el inmenso universo.

La idea de que el agua en el vaso sigue siendo parte del océano nos recuerda que estamos siempre conectados a algo superior, y que cada uno de nosotros tiene el potencial de influir en el mundo y contribuir a algo más grande que nosotros mismos. Así, como el agua del vaso no deja de ser océano, nosotros no dejamos de estar conectados con el universo, sin importar cuán separados nos sintamos. Esta metáfora también nos enseña que cada pequeña parte es importante. Así como cada gota de agua es esencial para el océano, cada persona es una prioridad para el universo. Nuestras acciones y existencia tienen un impacto.

Pedimos la cuenta y antes de levantarnos, me advirtió:

—Por cierto, solo hay algo que puede alejarte de esa conexión y de tus metas. Y eso, mi vida, es el ego. Tu peor enemigo.

El ego es, sin duda, el peor enemigo del hombre porque nos atrapa en una visión limitada de nosotros mismos y del mundo. Nos hace creer que somos el centro del universo, impidiéndonos ver la realidad desde otras perspectivas. El ego nos lleva a sobrevalorar nuestras capacidades y logros, y a subestimar a los demás, creando conflictos y malentendidos. Además, nos hace temerosos de mostrar nuestra vulnerabilidad, lo cual nos impide aprender de nuestros errores y crecer como personas. En esencia, el ego nos aísla, nos hace menos empáticos y comprensivos, y nos aleja de la verdadera conexión con los demás. Superar el ego implica reconocer nuestro lugar en un mundo compartido, valorando a los demás tanto como a nosotros mismos, y abriendo camino a relaciones más profundas y significativas.

—Al llegar a la que consideras tu meta —en tu caso, ser una persona importante, escribir un libro, dar una charla TED, crear una empresa, lo que sea—, crees que serás inmensamente feliz, ¿verdad? Pues verás que cuando llegues a cualquiera de tus metas, te vas a dar cuenta de que nada tiene que ver con lo que te habían prometido. El ego te hace querer perseguir el siguiente escalón y luego, el siguiente; y más tarde, el que viene después. Tus sueños crecen, tus ambiciones se hacen más grandes y, con ellas, tu ego se hincha. El ego es esa vocecita que vive dentro de ti y que no calla. Para tenerte dominado, te pide más, te exige, te juzga y te hace sentir inseguro. Uno de tus objetivos ha de ser bajar el volumen de esa voz que tantas veces te dominará a lo largo de tu vida. La iluminación simplemente es dejar de ser quien todos esperan que seas para ser quien realmente eres; así de simple y, a la vez, así de difícil. Nos pasamos la vida interpretando personajes que nada tienen que ver con lo que somos en realidad. Recuerda esta bonita frase: «Todo el mundo va a lo suyo, menos yo que voy a lo mío».

> «Asegúrate de tener metas, pero que el guion de tu vida sea una película maravillosa que escribas y vivas intensa y plácidamente, sin importar qué van a opinar los demás de lo que escribes para ti mismo».
>
> DANIELA ÁLVAREZ

Teoría del 20-40-60

A los 20 años: te preocupas mucho por lo que los demás piensan de ti.

A los 40 años: dejas de preocuparte tanto por lo que los demás piensan de ti.

A los 60 años: te das cuenta de que en realidad nadie estaba pensando tanto en ti.

A lo largo de mi vida, he entendido que la importancia de tener metas radica en que nos dan dirección y propósito. Sin embargo, es crucial recordar que el ego puede distorsionar nuestra percepción de estas metas, haciéndonos creer que alcanzar cada una de ellas es el fin último de nuestra felicidad. El verdadero equilibrio se encuentra en establecer metas claras y específicas, pero también en mantener la humildad y la conexión con algo más grande que nosotros mismos. Solo así podremos disfrutar del viaje hacia nuestras metas, sin ser esclavos de nuestro ego, y encontraremos satisfacción en cada paso del camino.

Las metas nos impulsan a crecer, pero es nuestra capacidad de manejar el ego la que nos permite disfrutar y aprender de cada experiencia. De esta manera, no solo alcanzamos nuestros objetivos, sino que también nos convertiremos en mejores personas en el proceso.

Para terminar, como tenía pendiente contártelo, acabaré con las metas y sueños más mágicos que se han ido materializando en la vida de mi padre y que he tenido la suerte de presenciar con mis propios ojos:

- Consiguió ser el primer español en producir un musical en Broadway, *101 dálmatas.* ¡Se estrenó en el mítico Madison Square Garden!
- Creó el primer espectáculo del mundo en un avión Madrid-Las Vegas, con cuatro cómicos a bordo.
- Ha revolucionado el mundo del entretenimiento y gestión cultural con una tarifa plana para ir a teatros, cines, museos, exposiciones, etcétera.
- Ha escrito cinco libros de motivación y espiritualidad que inspiran a cientos de miles de personas.
- Se ha convertido en un «gurú» que llena todas sus conferencias.
- Ha comprado el castillo de Pedraza. Le dieron las llaves el día que nació su primera nieta.

- Ha batido un récord Guinness: se ha convertido en el *jockey* que ha debutado más mayor de la historia. El año pasado, a sus cincuenta años, se hizo corredor profesional de caballos.

Tu zona de confort y las oportunidades

Mi padre me solía decir que cuanto antes te enfrentas a tus miedos, antes los espantas, y que salir de la zona de confort es esencial, porque es así como realmente crecemos y alcanzamos nuestras metas.

Piensa que la zona de confort es como una burbuja donde nos sentimos seguros, pero lo cierto es que, dentro de ella, hay pocas oportunidades de aprender cosas nuevas o enfrentar retos que nos hagan más fuertes. Cuando nos atrevemos a salir, aunque nos sintamos incómodos o asustados al principio, descubrimos habilidades y fortalezas que no sabíamos que teníamos. Este proceso nos prepara mejor para alcanzar nuestras metas: para lograr algo grande, tenemos que hacer cosas que nunca habíamos hecho.

Si miro al pasado, salir de mi zona de confort es, sin duda, lo que más me ha hecho crecer como persona y espabilar en la vida. Pienso que la vida está hecha para los espabilados más que para los inteligentes.

Y ¿cómo salir de tu zona de confort? Mi consejo es que digas un gran «sí» a todas las oportunidades que se te presentan en el camino. De hecho, siempre he pensado que debería estar prohibido no abrazar todas las oportunidades;

aunque, seguramente, esa parte de mi forma de ser tampoco sea una casualidad, sino una causalidad.

Uno de los consejeros que había en el panel de mi padre era Richard Branson, al que todo el mundo conoce como el Dr. Yes. Richard Branson es uno de los empresarios más importantes del mundo. Es el fundador del Grupo Virgin y lo llaman así porque, aparte de tener una actitud increíblemente positiva, es el gran defensor de decir «sí» a nuevos desafíos y oportunidades. De pequeña, leí varias veces su libro *Screw It, Let's Do It,* donde cuenta que esta mentalidad le ha llevado a tener una vida llena de aventuras y éxitos en muchos campos diferentes. Según él, todo el mundo posee un talento, pero muy pocas personas tienen algo que contar. Por eso, su lema de vida es «llénate de aventuras y tu historia hablará de tu propio crecimiento». Branson también ha intentado romper varios récords mundiales, como cruzar el Atlántico en un barco y volar en un globo aerostático alrededor del planeta.

En su libro, explica que no debemos quedarnos con la idea de «¿qué hubiese pasado si…?».

Si actúas y sale bien, tendrás un beneficio. Al enfrentarnos a una nueva oportunidad y decidir tomarla, abrimos la puerta a dos posibles resultados: el éxito o el fracaso. Si la decisión conduce al éxito, cosechamos los beneficios de nuestro coraje. Por otro lado, si resulta un fracaso, aunque enfrentemos el coste de ese fracaso, ganamos algo igualmente valioso: el aprendizaje y la experiencia. Este aprendizaje nos prepara mejor para futuras oportunidades, haciéndonos más sabios y resistentes. Sin embargo, si elegimos no actuar por miedo al fracaso, terminamos pagando un precio más alto: el arrepentimiento y la pregunta perpetua de «¿qué hubiera pasado si...?». Este arrepentimiento puede pesar más que cualquier fracaso, porque nos deja estancados, sin crecimiento ni aprendizaje. Por lo tanto, decir «SÍ» a las oportunidades, o salir de la zona de confort, incluso con el riesgo de fallar, es fundamental para avanzar y enriquecer nuestras vidas con experiencias significativas.

Al igual que tu sonrisa, el tomar decisiones te abre puertas.

Ya que estoy hablándote de Branson, me gustaría acabar el capítulo con una idea que menciona en su libro y que siempre deberíamos tener presente: nunca hagas nada que no te deje dormir. En su libro, Richard cuenta que, en 1971, intentó evitar pagar impuestos en el Reino Unido declarando falsamente que sus discos se vendían en el extranjero. Fue descubierto, arrestado y tuvo que pasar una noche en la cárcel.

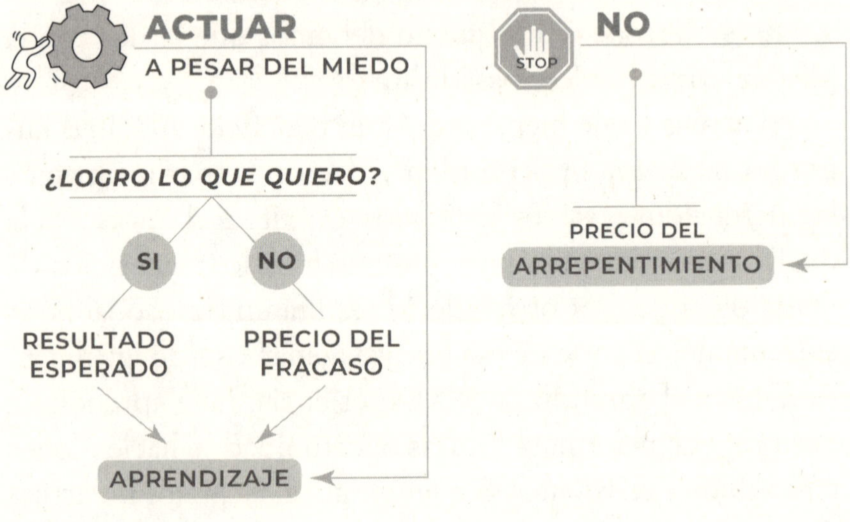

Al final, la moraleja de todo lo que vino después es que hay que actuar con integridad y honestidad en todos los aspectos de la vida. Si alguna acción nos causa inquietud o remordimiento es señal de que probablemente no sea la correcta.

De hecho, todos los libros de motivación personal y crecimiento suelen mencionar la importancia de prestar atención a las señales de nuestro cuerpo (señales de comodidad e incomodidad) como una guía para tomar decisiones y vivir de manera más plena y auténtica.

El cuerpo tiene una forma única de comunicarse con nosotros, y es esencial aprender a escuchar y comprender estos mensajes para mantener un buen estado de salud física y mental. Piensa que el cuerpo es como una guía que te alerta, tanto cuando algo va bien como cuando va mal. Siempre que te duela algo del cuerpo, te diagnostiquen una enfermedad nueva, un dolor de espalda… piensa qué es lo que significa. ¿Qué es lo que te está tratando de decir el cuerpo? ¿Podría dolerte la espalda por tener mucho peso mental? ¿Podría deberse a que alguien te está amargando la existencia o hay un problema continuo en tu vida que no se va? ¿Qué es lo que no fluye?

Piénsalo, analízalo y cámbialo.

Lo urgente *vs* Lo importante

La Navidad estaba a la vuelta de la esquina. En el colegio eso significaba que era tiempo de ensayos para la obra navideña que presentaríamos en el auditorio, frente a nuestras familias y profesores. Ese año, a nuestra clase le tocó preparar *A Christmas Carol,* la famosa novela de Charles Dickens.

La novela narra la historia de Ebenezer Scrooge, un hombre avaro y solitario que desprecia la Navidad y todo lo relacionado con ella. La historia se centra en la transformación de Scrooge después de ser visitado por varios espíritus en la víspera de Navidad.

Ese día nos dijeron que la actuación sería el 12 de diciembre a las seis de la tarde. Me acuerdo perfectamente de la fecha y la hora porque mi padre llevaba semanas preparándose una cena-reunión superimportante para ese mismo día a las cinco. La reunión era clave porque debía convencer a unos coreanos para que le dejaran gestionar su teatro y así empezar de nuevo después de la quiebra de su empresa. Encima, como era gente superocupada e importante, si perdía esa oportunidad, probablemente no volvería a tener otra para reunirse con ellos.

Me había pedido si ese día podía ayudarle a preparar la cena y servirla durante la reunión. Como ya he contado, mi padre nunca me dejaba sola en casa y me llevaba con él a todas las reuniones, así que, cuando se las ponían más tarde de las seis, intentaba quedar con la gente en nuestra casa.

Cuando me subí al coche, lo primero que hice fue contarle a mi padre que la actuación de Navidad sería a las seis de la tarde, justo el día que me había pedido servir la cena durante la reunión. Inmediatamente, le dije que no se preocupase, que no hacía falta que viniese a verme porque, en realidad, la profesora solo me había dado una frase, así que solo tendría que conseguir a otra persona para que le ayudase con la cena.

Rápidamente, mi padre me contestó:

—Gracias, mi vida, pero ¡ahí estará tu papi para verte! La reunión es urgente, pero tienes que saber que lo urgente, a diferencia de lo importante, siempre, absolutamente siempre, puede esperar. Y como tú para mí eres lo más importante... ir a tu actuación es, sin duda, mi prioridad.

Claro que me hizo ilusión saber que habría alguien ahí para verme, pero me sentí mal porque sabía todo el esfuerzo que estaba haciendo para salir adelante y encontrar su camino en esa ciudad tan complicada.

—Dani, por desgracia, en la vida, las personas nos centramos tanto en lo que es urgente que nos olvidamos de lo importante. Y te preguntarás... ¿Qué es realmente importante? Si te fijas, de lo que haces día a día muy poco es importante. Deberíamos pensar mucho más a menudo qué va a ser lo realmente importante. Imagínate que estás al final de tu vida, mirando hacia atrás: ¿de qué te arrepientes? Te aseguro que yo me arrepentiría de no haberte visto decir esa frase con ese acentazo tuyo tan bonito —dijo mientras se reía.

Cuando llegamos a casa, había un regalo envuelto para mí encima de la mesa. Lo abrí corriendo y era un libro que se titulaba *De qué te arrepentirás antes de morir,* escrito por Bronnie Ware, una enfermera australiana que cuidaba de enfermos terminales y escribió ese libro sobre las historias de los últimos días de sus pacientes. Bronnie se dio cuenta de que todos coincidían en lo mismo: de lo que más se arrepentían, en el puesto número uno, era de no haberse atrevido a hacer lo que realmente querían. Y eso es porque, en nuestra vida diaria, muchas veces nos quedamos atrapados en la misma rutina y nos olvidamos de lo importante: ¿estamos haciendo lo que nos hace felices? ¿Pasamos tiempo suficiente con quien queremos? ¿Estamos persiguiendo nuestros sueños? ¿Vivimos de lo que nos gusta? ¿Estamos priorizando bien las cosas? ¿Ponemos por delante a las personas que nos importan y a las que importamos?

El mensaje del libro es que si conseguimos enfocarnos en lo importante durante nuestra vida, y no solo en los últimos días, podemos llevar una existencia más plena y significativa. Al final, la verdadera espiritualidad consiste en ordenar nuestro rango de prioridades y eliminar lo superfluo o dejarlo en segundo plano.

«Los momentos importantes no esperan, se viven en el presente».
Anónimo

Spoiler: ¡Magia! Al día siguiente por la mañana, los dueños del teatro llamaron a mi padre para pedirle perdón porque tenían que posponer la reunión un día por motivos personales. Así, el 13 de diciembre pude servirles mi especialidad: el pollo asado que siempre comprábamos ya cocinado en nuestro supermercado favorito, el Food Emporium. Y lo mejor… ¡mi padre consiguió la gestión del teatro!

—¿Ves, mi vida? —me dijo al colgar el teléfono—. Estamos en completa sintonía con el universo, ¡todo fluye!

¡Te toca a ti hacer magia!

1. Cada persona es como una representación en miniatura del universo, por lo que cada uno de nosotros refleja de alguna manera el universo entero, con su complejidad y maravilla. Sé consciente de ello y sácale el máximo provecho a todo el potencial que hay en tu interior.
2. Las metas nos ayudan a crecer y a ser felices. Al igual que en los juegos guardas tu progreso, escribir tus metas te ayuda a recordarlas y seguirlas. ¡Y nunca dejes de soñar!
3. Sal de tu zona de confort y coge todas las oportunidades. Haz cosas que te desafíen de alguna manera, ya sea emocional, intelectual o físicamente. Estate atento a todas las oportunidades, por muy simples o pequeñas que parezcan, y di un gran «sí» a prácticamente todo.
4. El ego es tu peor enemigo. Ten cuidado porque el ego puede alejarte de tu conexión con algo superior.
5. Prioriza lo importante porque muchas cosas de las que hacemos en la vida son innecesarias. Di «NO» a algunos compromisos para poder decir «SÍ» a lo que realmente importa.

6

El poder de la disciplina

El sexto poder

«El éxito es la aplicación diaria de la disciplina».
JIM ROHN

Llegó la época en la que a las chicas nos comienza a importar nuestro físico, como a los doce o trece años, y le dije a mi padre que quería empezar a hacer deporte.

—¡Eso está hecho! Mira lo que tengo preparado aquí al lado de la cama —dijo entusiasmado.

Eran sus zapatillas de deporte, colocadas perfectamente en el suelo, alineadas con precisión milimétrica, con las puntas a la misma distancia de la pared y las suelas formando un ángulo de noventa grados con el borde de la alfombra. Sí, mi padre es posiblemente la persona más maniática del mundo: enciende y apaga la luz varias veces antes de dormir, tiene en la mesa muchos lápices colocados de más largo a menos largo, según el tamaño de su punta, o cada vez que coloca el móvil en la mesa tarda un rato en dejarlo en la posición que a él le convence. Lo mismo con las llaves, los cuadernos o cualquier objeto que deposite sobre alguna superficie. Mi madre siempre cuenta la anécdota de que, cuando vivían juntos y discutían, para sacarle de sus casillas cogía sus zapatos y se los tiraba por la ventana. O iba a la mesa y arrastraba su mano, desordenándolo todo.

—¿Y sabes qué significan esas zapatillas? —me preguntó.

—¿Que haces deporte todas las mañanas a las cinco de la mañana? —contesté.

—Sí, ¡pero representan el sexto poder! El poder de la disciplina. Dani, para ser una persona importante, exitosa o millonaria, y para convertirte en la mejor versión de ti misma es necesario que tengas unos hábitos fuertes. Y eso, mi amor, solo lo vas a poder conseguir con disciplina.

Inmediatamente, me vino a la cabeza el mote que me había puesto mi familia: cabecita loca. ¿Cómo narices sería disciplinada, si era la persona más desastre del universo? Dejaba la ropa tirada por todos lados, perdía todos los móviles que me daban, se me olvidaban las cosas, no me gustaba la fruta ni tenía hábitos saludables; no iba al gimnasio, comía demasiado en el McDonald's, no hacía la cama...

—Yo no tengo tanta fuerza de voluntad como tú, papá. Este poder no lo conseguiré —le dije.

—Pues mira qué suerte has tenido, porque la disciplina no se basa tanto en la fuerza de voluntad, sino en crear sistemas y rutinas que te ayuden a tomar buenas decisiones. Lo más importante es el entorno que te rodea. Para que lo entiendas, escucha esta historia que te voy a contar sobre lo que les pasó a los soldados estadounidenses que fueron a la guerra de Vietnam. Y no, con esta historia no me estoy marcando un Big Fish —me advirtió.

Los soldados adictos a la heroína

Dos congresistas estadounidenses fueron a visitar a sus tropas en Vietnam durante la guerra (1955-1975) y descubrieron que más del quince por ciento de los soldados estadounidenses eran adictos a la heroína. Investigaciones posteriores, que sometieron a todos los soldados estadounidenses en Vietnam a pruebas de adicción a la heroína, revelarían que el cuarenta por ciento de los militares habían probado la heroína y casi el veinte por ciento eran adictos.

El descubrimiento conmocionó a la opinión pública y el mismo presidente Richard Nixon decidió crear una nueva oficina denominada Oficina de Acción Especial para la Prevención del Abuso de Drogas. La oficina se abrió para promover la prevención y rehabilitación de las drogodependencias y, también, para seguir e investigar las trayectorias de los militares adictos cuando volvían a casa. Fue esta última parte, el seguimiento de los soldados que regresaban, la que dio lugar a algunas ideas sorprendentes. Lee Robins, una de las investigadoras encargadas del seguimiento de los veteranos, descubrió que cuando los soldados regresaban a Estados Unidos solo el cinco por ciento de ellos volvía a ser adicto a la heroína. En otras palabras, el noventa y cinco por ciento de los consumidores dejó atrás su adicción casi de la noche a la mañana.

—Dani, la conclusión de lo que les pasó a los soldados es que estaban rodeados de un entorno lleno de estímulos que los impulsaban a consumir heroína. No es difícil imaginar que vivir en una zona de guerra con otros heroinómanos puede llevarte a probarla. Pero luego, cuando volvieron a Estados Unidos, se encontraron en un entorno completamente distinto. Y no solo eso, se encontraron en un entorno en el que no existían las cosas y los estímulos que desencadenaron su consumo inicial. La conclusión es que los estímulos que te rodean moldean tu comportamiento día tras día, a menudo sin que nos demos cuenta. Además, estos efectos van más allá del entorno físico. Tus amistades importan y mucho. ¿Sabes que un estudio hizo un seguimiento de 12.067 personas durante treinta y dos años y descubrió que las probabilidades de que una persona se volviera obesa aumentaban en un cincuenta y siete por ciento si tenía un amigo obeso? Recuerda que eres el promedio de las cinco personas con las que pasas más tiempo.

Me quedé con cara de «ya, pero ¿y cómo se eligen las amistades o el entorno?».

—La buena noticia es que también puedes controlar tu entorno hasta cierto punto; y hacer pequeños cambios puede marcar una gran diferencia. Simplemente, al alejarte de un lugar que te lleva a repetir viejos hábitos, puedes romper con los malos y empezar a crear otros nuevos. Ahora, cuando decides cómo quieres que sea tu vida, es importante que te analices bien.

Continuó:

—Piensa en lo que es más importante para ti. Y esto ha de ser tu cuerpo, tu mente y tu espíritu. Mantener un equilibrio entre estos tres aspectos es clave para ser feliz; si descuidas alguno, nunca podrás ser completamente feliz.

1. **El cuerpo:** es nuestra salud física y bienestar general. Mantener el cuerpo saludable nos da energía y vitalidad. Podemos cuidarlo con ejercicio, buena alimentación y descanso adecuado.
2. **El espíritu:** es nuestra conexión con algo más grande, como la naturaleza o una fuerza superior, y nuestros valores y principios. Nos da paz interior y sentido de propósito. Podemos cuidarlo con meditación, reflexión y actos de bondad.
3. **La mente:** son nuestros pensamientos, emociones y capacidad de aprender. Nos ayuda a pensar y sentirnos bien. Podemos cuidarla leyendo, aprendiendo cosas nuevas, manejando el estrés y, como ya hemos visto, con pensamientos positivos.

—Dani, tienes que imaginarte que eres una malabarista con tres bolas de cristal que están constantemente en el aire. Las bolas de cristal son la mente, el cuerpo y el espíritu. Si una de las tres se rompe, por mucho que conserves las otras dos, el juego falla. Solo con el equilibrio se puede entender la felicidad. Construye hábitos que te hagan tener un cuerpo, un espíritu y una mente increíbles, y te aseguro que serás capaz de materializar todos tus sueños.

«Si logras algo bueno con esfuerzo, el esfuerzo pasa rápido, pero lo bueno permanece. Si haces algo malo por placer, el placer pasa rápido, pero lo malo permanece»

MUSONIO RUFO

Antes te hablé de mi «leyenda personal». Y aquí te voy a enseñar un poco de qué va eso porque está muy ligado a los hábitos y a la disciplina.

Para encontrar nuestro propósito, que al final es lo que cada uno de nosotros andamos buscando, es necesario tomar las riendas de nuestras vidas. Si dejamos que el resto decida por nosotros, si no hacemos nada para convertirnos en la mejor versión de nosotros mismos, pasaremos por este mundo sobreviviendo y no viviendo.

Por eso, todos deberíamos construirnos nuestra «leyenda personal», la guía que te lleva hacia el propósito de tu vida. Básicamente es una guía sobre quién eres, tus hábitos, identidad, y lo que quieres lograr. Esta «leyenda personal» se compone de todas las cosas que ya hemos mencionado en los capítulos anteriores: tus metas, tu panel de visualización, las preguntas que debemos hacernos todas las mañanas, la lista de consejeros, tus promesas, el artículo que escribirán sobre ti el día que te mueras y tus hábitos. Solo tienes que juntarlo, imprimirlo, leerla todas las semanas y proponerte que lo vas a cumplir.

Es como un panel de visualización, pero más completo. Así que recuerda que, al igual que el panel, la «leyenda personal» va cambiando. Yo la adapto todos los años a mis nuevas circunstancias u objetivos. Porque como ya sabes, la vida se transforma, las relaciones y las amistades van cambiando según creces como persona, y cuanto más te acerques a tu propósito, más cosas tendrás que ir adaptando, porque seguramente tus prioridades habrán cambiado por completo.

Pero eso es parte del proceso y es necesario. Mi consejo es que confíes y disfrutes de todo el proceso.

Te dejo mi «leyenda personal» en www.querazonteniamipadre.com para que puedas usarla como guía si necesitas inspirarte para crear la tuya.

La sección de mis hábitos empieza con una página titulada «Mi identidad». Este es un buen truco para adquirir buenos hábitos y tener la fuerza de voluntad para llevarlos a cabo. Es tan simple como esto: primero decide quién quieres ser y luego pregúntate los hábitos que tendría ese tipo de persona. Hazlos.

Es un poco como el concepto que hemos visto antes de *reverse the formula*.

Así está la sección de «Mi identidad» a día de hoy:

Profesional: soy la emprendedora más importante, exitosa y creativa, una referencia de la generación Z en el mundo de la comunicación.

Físico: tengo el mejor físico que puedo tener y me siento completamente una atleta, sana, fuerte, con energía y vitalidad.

Social: soy una inspiración, mi misión es servir a los demás para hacer de este mundo un lugar mejor. Soy sana, dinámica, llena de vida, un ejemplo a seguir y muy muy, pero que muy feliz.

Espiritual: soy una persona completamente conectada al universo y entiendo perfectamente las leyes de la naturaleza. Soy una profeta y tengo la capacidad de sanar. Soy parte del todo. La calidad de mi vida depende de la calidad de mis pensamientos.

Cognitiva: cada día me desarrollo más como ser humano practicando la curiosidad, el aprendizaje, la moderación, autocontrol, paciencia, empatía, y con una inmensa fuerza de voluntad. Desarrollo virtud y sabiduría, porque el cerebro es el órgano más poderoso del mundo.

Ético moral: soy la mejor versión de mí misma y cumplo mi propósito en la vida.

«Ninguna propensión humana es tan poderosa que no pueda ser vencida por la disciplina».
SÉNECA

Luego, en esos momentos donde sientas que la pereza se apodera de ti, párate para recordar tus valores y lo que quieres conseguir en tu vida. Visualiza lo orgulloso que te sentirás al haberte esforzado por algo que merece la pena, al vivir según tus valores, y al ser un ejemplo para los demás. ¿No tienes ganas de hacer deporte? Nadie ha dicho que hay que tener ganas. Lo haces y punto. ¿No estás motivado para preparar una comida sana? No importa, la preparas sin motivación.

Recuerdo perfectamente lo que me dijo mi padre:

—Si haces lo mismo que hace todo el mundo, serás como el resto de la gente. Así que esfuérzate un poquito ahora, porque te aseguro que te merecerá la pena y nunca te arrepentirás de ello. Piensa a lo grande, pero empieza por lo pequeño. Todo es difícil antes de ser fácil.

¡Y qué razón tenía mi padre!

Como con cada poder, él hizo lo mejor: no predicó, lideró con el ejemplo. Como bien dice Epicteto: «Cuando estés en un banquete, no prediques sobre cómo se debe comer, come como se debe». Puedes hablar de lo que aprendes, pero es mucho más importante ponerlo en marcha y demostrar los resultados. Tus acciones siempre serán tu mensaje.

Desde ese día, empecé con el deporte y cada vez que no quería entrenar o pensaba en abandonarlo, inmediatamente me venían a la mente las palabras de mi padre. De pequeña, tomé una decisión: la de que quería que la gente me admirase, la de ser importante. La decisión de parecerme cada día un poco más a mi padre, con su fuerza de voluntad infinita, y la de ser una persona con hábitos fuertes, disciplinada y deportista.

No te voy a mentir. Veinte años más tarde, todavía sigo en el proceso, pero con grandes logros y con la convicción absoluta de que estoy en el camino correcto hacia mi mejor versión.

¡Te toca a ti hacer magia!

1. La disciplina no depende exclusivamente de la fuerza de voluntad, sino de la creación de sistemas y hábitos que te ayuden a tomar buenas decisiones de manera consciente. Escribe qué quieres ser en cada ámbito de tu vida: profesional, físico, social, espiritual, etcétera. Y recuerda: ¡siempre en presente!, porque ya lo has cumplido, solo tiene que materializarse.
2. El entorno que nos rodea y las personas con las que nos relacionamos moldean nuestro comportamiento. Cambiar el entorno puede facilitar el desarrollo de buenos hábitos y eliminar los malos.
3. Para alcanzar la verdadera felicidad es crucial mantener un equilibrio entre el cuerpo, el espíritu y la mente. Descuidar uno de ellos afecta a tu bienestar general y te impedirá ser feliz.

7

El poder de la meditación

En el corazón de la India

«Cuanto más descargues de tu vida terrenal y más llenes tu vida espiritual, más cerca estarás del cielo».
ANÓNIMO

Todavía estábamos en enero cuando mi padre me dijo que ya tenía todo preparado para nuestro viaje anual. Le pregunté con entusiasmo qué destino había escogido para ese año y respondió que haríamos un recorrido por toda la India.

—Es hora de que aprendas el séptimo poder, así que... ¡qué mejor que viajemos al lugar donde empezó todo! —dijo.

No sabía de qué poder hablaba, pero me daba igual. ¡Me apetecía muchísimo conocer la India! El 26 de agosto de 2017 aterrizamos en el aeropuerto de Nueva Delhi. No es que tenga tan buena memoria, sino que la función de lugares, en la *app* de fotos del iPhone, es maravillosa y te recuerda momentos únicos que posiblemente has olvidado. De hecho, mi padre hace selfis a todas horas porque dice que sin fotos no hay recuerdos.

Al pasar la aduana, vimos que un hombre, rapado y vestido con telas rojas, sostenía un cartel que ponía «Luis y Daniela». Nos presentamos y nos dijo que su nombre era Tashi. Su mirada serena y sonrisa amable irradiaban una calma que me sorprendió y me hizo fiarme de él desde el minuto uno.

—Yo seré vuestro guía del viaje. ¡Seré vuestro gurú durante los próximos veinte días! —nos explicó Tashi con una sonrisa de oreja a oreja.

Tashi hablaba español de maravilla. Cuando le preguntamos el motivo, nos dijo que aprendió nuestro idioma viendo películas y leyendo libros en español, pero que nunca había salido de la India.

Mi padre y yo nos miramos con cara de tontos. ¿Cómo era posible que nosotros, que llevábamos tanto tiempo viviendo en el extranjero, fuésemos incapaces de acercarnos siquiera a hablar inglés igual de bien que Tashi hablaba español?

Nos montamos en el coche y nuestra aventura en la India empezó en la ruidosa ciudad de Delhi, llena de tráfico, gente y mercados coloridos. Los trayectos en coche eran largos así que nuestro gurú tenía mucho tiempo para contarnos cosas muy interesantes sobre su país y su vida personal. A mí me encantaba. Cuando viajas a este tipo de países te das cuenta de las diferentes formas de vida y culturas que existen: es fascinante y te hace reflexionar y replantearte muchas cosas.

Además, mirases a donde mirases todo era espectacular y muy diferente a lo que estamos acostumbrados los occidentales. Eso sí, bajarse del coche era superagobiante porque había demasiada gente, cientos de coches o *tuk tuks* pitando a la vez y, encima, nos pedían muchísimas fotos como si fuéramos Brad Pitt. No sé si era por el aspecto de mi padre de *rockstar,* que siempre le confunden con algún famoso —Antonio Banderas, Orlando Bloom e incluso El Cigala—, o porque había muchísimo turismo local y no estaban acostumbrados a ver «blanquitos». Creo que fue una mezcla de ambas, porque si no nos pidieron mil fotos en todo el viaje no nos pidieron ninguna.

—¿Te puedo hacer una pregunta personal? —le preguntó mi padre a Tashi.

—Claro, ¡para eso estoy! —contestó.

—¿Cómo funciona esto de los monjes? ¿Tus padres también lo son y por eso decidiste convertirte en uno?

—Cuando tenía dieciocho años, mi familia sufrió una gran pérdida. Mi hermano mayor murió en un accidente, algo que me hizo cuestionar el propósito de la vida y del sufrimiento. Entonces, en mi búsqueda de respuestas, conocí a un monje que me habló sobre el budismo y la meditación. Decidí unirme a un retiro de meditación en un monasterio cercano y, durante ese retiro, me encontré con un maestro que me guio en mis primeros pasos en la meditación. Luego, a través de la práctica diaria, empecé a experimentar una paz y claridad que nunca había sentido antes.

Y continuó con su historia:

—Recuerdo una noche en particular. Estaba meditando bajo un árbol en el patio del monasterio. Había luna llena y el silencio era profundo. Sentí una conexión con todo lo que me rodeaba, una sensación de unidad y paz que me hizo darme cuenta de que había encontrado mi camino. Al final del retiro, supe que quería dedicar mi vida al budismo y a ayudar a otros a sentir la misma paz que yo había encontrado.

***

Al día siguiente, cogimos el coche con dirección a Rishikesh, una ciudad conocida como la capital mundial del yoga y la meditación, situada a orillas del sagrado río Ganges. De camino, Tashi nos habló un poco más sobre la meditación.

—El budismo nos enseña que el sufrimiento es una parte inevitable de la vida, pero que podemos superarlo a través del entendimiento y la meditación. Sin armonía no hay paz, y sin paz mental, no es posible que haya felicidad. Hasta que no reconozcas y aceptes que tu cerebro es el que regula y crea tu vida, te sentirás como un barco a la deriva, sin entender las cosas que te ocurren. Además, como ya sabéis, cuando tú cambias, el mundo se transforma. Tenemos el poder de cambiar el mundo de ahí fuera modificando nuestro mundo interior. Si viajamos a nuestro interior, descubriremos cómo iniciar este cambio, y el punto de partida para empezar ese viaje es la meditación. ¡Exacto, Daniela, la meditación es el séptimo poder!

No sé cómo, pero cuando Tashi hablaba, daba la sensación de que sabía todo sobre nosotros, nuestras vidas, e incluso lo que se nos pasaba por la cabeza en cada momento.

Ya en Rishikesh, Tashi dijo que le gustaría darnos una sesión de meditación guiada. Nos llevó a un pequeño templo en medio de la nada, donde estábamos rodeados por el sonido suave del río y los cánticos lejanos de los devotos.

—Me gustaría daros una pequeña clase teórica antes de que podamos empezar a meditar, porque muchos de vosotros (*aka* los occidentales) tenéis una percepción errónea de lo que significa —pronunció Tashi mientras nos entregaba dos libretitas que había sacado de sus bolsillos.

Esto fue lo que apunté en aquella libreta que aún conservo en mi cajita de los recuerdos:

¿Qué es meditar? Las 10 claves

1.-Meditar es simplemente estar presente. Es parar y no hacer nada, solo prestar atención a tu respiración y al momento presente.

2.-Es respirar dándote cuenta de que estás respirando. La respiración es lo que nos mantiene unidos al universo.

3.-Cuando te paras y escuchas dentro de ti, la vida te guía hacia donde tienes que ir. Notarás que te dice lo que no funciona y lo que sí (las famosas señales de comodidad e incomodidad de tu cuerpo que hemos escuchado tantas veces).

4.-Para empezar a meditar, siéntate o túmbate y obsérvate desde fuera. Pregúntate cómo se siente tu cuerpo sin juzgar nada. No debes juzgarte ni juzgar nada de lo que pasa en tu vida. Solo observar y aceptar.

5.-No meditamos para cambiar algo. Estás donde estás y reconoces lo que está ocurriendo. Repítete «es lo que hay».

6.-Tu vida es solo una sucesión de momentos que se van desplegando uno a uno. Por eso es importante que no interpretes tu situación como algo permanente.
7.-Meditar es lo opuesto a dar la vida por sentada. Es vivir de forma consciente.
8.-Meditar es poner atención plena en ti, para observarnos y examinar quiénes somos y el lugar que ocupamos en el mundo.
9.-Meditar es algo que puedes hacer en absolutamente todos los momentos del día (al andar, al comer, al ducharte, al beber tu taza de café por la mañana, observándote a ti, a la naturaleza y a tu alrededor).
Intenta bajar la velocidad al hacer las cosas y sé consciente de lo que estás haciendo en cada momento. Esto hace que aprecies más la vida y que nos sintamos más agradecidos.
Ejemplos:
Al andar: respira, date cuenta de tus pasos y valora que estás siendo capaz de andar.
Al comer: saborea bien los alimentos, qué delicia. Mastica despacio.
10.-Meditar es ser consciente de que formas parte del universo. Eres como el río que fluye, las montañas, el cielo; eres parte de algo mucho más grande. Percibe el esplendor de cada instante presente en todo momento, incluso en los ordinarios.
Qué importante es la palabra presencia en esta época de infinitas distracciones e interrupciones tecnológicas. El mayor regalo que puedes hacerle a cualquier persona es tu atención plena, el estar completamente presente cuando estás con ella.

Tashi terminó la clase con una pregunta que él mismo contestó:

—Pequeña Daniela, ¿a quién o qué aprecias más en tu vida en este momento? Nos pasamos tanto tiempo en nuestra vida queriendo estar en otro lugar, quizás haciendo otra cosa o incluso con otra persona, que nos perdemos lo que está pasando en este preciso momento. Hay muchas cosas en las que pensar: nuestro trabajo, nuestra familia, nuestras amistades, nuestros sueños, nuestros miedos…, y nos olvidamos de que hacer una pausa es una manera de apreciar el valor de la vida humana. Cuando experimentas directamente la sensación de saber lo que significa vivir, sientes un agradecimiento genuino, aunque solo sea por un momento. Esas son las cosas que damos por sentadas cuando la vida cotidiana nos abruma. Siempre persiguiendo el futuro, siempre mirando hacia el pasado, sin apreciar nunca que contamos con una mente que, aunque a veces puede resultarnos problemática, tiene el potencial para ser feliz y saludable.

Seguidamente, Tashi puso música relajante y nos guio a través de una meditación.

Cuando acabó la meditación guiada, abrimos los ojos. Se me pasó rápido, pero me di cuenta de que mi mente había estado en todos sitios menos donde debía haber estado (escuchando a Tashi).

De nuevo, Tashi me leyó la mente:

—No te preocupes. No tienes que luchar por dejar la mente en blanco. Eso no es meditar y créeme que no lo vas a conseguir. Siempre te van a rondar pensamientos por la cabeza. Pero piensa que tu mente es como el cielo azul y tus pensamientos son nubes que lo atraviesan. No necesitas luchar contra ellos ni hacer que desaparezcan. Solo observa tus pensamientos como si fueran nubes que pasan por el cielo. No te aferres a ellos ni te involucres. Simplemente deja que vengan y se vayan, obsérvalos y cuando te des cuenta de que te estás distrayendo, vuelve a poner tu atención en la respiración.

—Y no te preocupes —continuó—. Ya verás que después de estos días juntos vas a ser capaz de hacer que más y más nubes vayan desapareciendo o conseguir que pasen más rápido. Al final, la meditación es como un músculo que se entrena y meditar a diario inevitablemente fortalece y desarrolla la mente.

Esa noche, paseando por los jardines del templo, Tashi nos contó una leyenda.

La leyenda de los dioses del Olimpo

En el Monte Olimpo, hogar de los dioses griegos, los dioses estaban creando a los humanos. Gaia, la diosa de la Tierra, y Eolo, el dios del viento, se unieron para crear un ciclo eterno que conectara a los humanos con el universo. Juntos acordaron que la respiración sería el puente invisible entre lo terrenal y lo divino.

Gaia dijo:

—La inhalación será el momento en el que los humanos reciban la energía de la vida. Con cada respiración, estarán absorbiendo mi fuerza, la sabiduría que fluye desde lo más profundo de la Tierra. Sentirán el poder de la creación entrando en ellos.

Eolo sonrió y añadió:
—Y la exhalación será un recordatorio de que todo en la vida debe fluir y liberarse. Con cada suspiro, devolverán al universo lo que ya no necesitan: sus miedos, sus dudas, sus cargas. Así, el ciclo de recibir y soltar será eterno, igual que el viento que nunca deja de soplar.
Los dioses decidieron que este simple acto, la respiración, sería el medio por el cual los humanos mantendrían el equilibrio en sus vidas. En cada inhalación, los mortales se llenarían de la energía del universo; y al exhalar, dejarían ir lo que no les sirve, abriéndose a lo nuevo.
Y así, los humanos entendieron que la respiración no era solo una función del cuerpo, sino un acto sagrado que les conectaba con el todo. Inhalar era recibir la energía vital de la creación; exhalar era devolver al mundo su confianza y sabiduría. Y, a través de este ciclo, siempre estarían en armonía con el universo.

***

Cuando llegamos a nuestros aposentos, una humilde habitación de monasterio con dos camas individuales, nos encontramos cada uno en su almohada con una nota de Tashi, que decía lo siguiente:

Te estoy abriendo las puertas de mi hogar, de mi corazón y de mi ser. No espero nada a cambio, ya que estoy feliz de hacerlo. Este es mi único propósito en la vida: ayudar a otros a convertirse en su mejor versión. Tan solo te pediré una cosa. A partir de mañana, quiero que hagas el siguiente ejercicio todas las mañanas, durante el resto de tu vida. Al levantarte, simplemente para un momento y sé consciente del simple hecho de haberte levantado. Empieza a respirar de manera consciente y agradece que el universo te ha regalado un nuevo día para disfrutar. No tienes ninguna excusa, no tardarás más de treinta segundos... ¿Sabes que se estima que más de 100.000 personas mueren en el mundo todos los días mientras duermen, sin ninguna explicación?

Antes de dormir, rezamos el Jesusito de mi vida y, para variar, mi padre me contó un cuento.

El árbol de los deseos

Había una vez un hombre que, cansado de su vida llena de dificultades, decidió buscar un lugar tranquilo donde pudiera descansar. Después de un largo caminar, encontró un árbol frondoso y decidió sentarse a su sombra. Sin saberlo, se trataba del árbol de los deseos, un árbol mágico que tenía el poder de conceder cualquier deseo.

El hombre, sintiéndose cómodo bajo el árbol, pensó: «Qué bien me vendría ahora algo de comida y bebida». Inmediatamente, apareció ante él una mesa llena de deliciosos manjares y bebidas refrescantes. Sorprendido, pero feliz, comenzó a comer y beber hasta quedar satisfecho.

Luego, pensó: «Sería genial tener una cama cómoda para descansar». De repente, apareció una cama mullida y acogedora. El hombre se tumbó en ella, sintiéndose el hombre más afortunado del mundo.

Mientras descansaba, empezó a reflexionar sobre su buena suerte y, de pronto, una duda lo asaltó: «¿Y si aparece un tigre y me devora?». Al instante, un tigre apareció de la nada y lo devoró.

—Dani, la moraleja del cuento es que el universo tiene el poder de conceder nuestros deseos, tanto positivos como negativos. Es un recordatorio de que debemos ser conscientes de nuestros pensamientos y deseos, porque, como ya sabes, todo lo que le pides al universo, de una forma u otra, puede hacerse realidad. Por eso, es importante mantener pensamientos positivos y cuidar lo que deseamos. ¡La meditación es lo que nos va a ayudar a tener siempre la mente en orden!

***

Al día siguiente, en el desayuno, Tashi me vio hablando por teléfono algo alterada. Estaba discutiendo con mi madre. Ahora no recuerdo por qué era, pero seguramente una tontería a la que en ese momento le di una importancia que, evidentemente, era irreal. ¡Qué de problemas y preocupaciones nos buscamos sin sentido! Como siempre dice mi padre, los seres humanos somos máquinas perfectas, muy mal hechas.

Tashi se acercó y me dijo que, antes de venir a este mundo, todos elegimos a las personas que nos acompañarán en esta vida. Si alguien cercano me irrita o me altera, es porque hay algo que debo aprender de esa persona, algo que me ayudará a crecer y a convertirme en mi mejor versión. Me compartió un truco que ha sido increíblemente útil en muchas ocasiones de mi vida, y que me gustaría compartir contigo.

—Daniela, analiza lo que esa persona tiene que te altera o no te gusta, porque seguramente es algo que no te guste de ti, y cuando lo hayas detectado, perdona a esa persona en tu mente y empieza a trabajar en ti.

Luego, me propuso hacer la técnica Ho'oponopono, una práctica para desarrollar la compasión y la empatía hacia los demás.

Nos sentamos en el jardín y cerramos los ojos.

—Enfócate en esa persona a la que tan mal hablabas por teléfono. O piensa simplemente en alguien que te irrite o con la que tengas algún problema sin solucionar. Imagina que, al inhalar, sonríes y abrazas a esa persona o grupo de personas en el que te estás enfocando. Al exhalar, visualízate mirándola a los ojos y diciéndole estas palabras: «Lo siento, perdóname, te quiero, y gracias». Visualiza esta energía positiva envolviendo y aliviando su sufrimiento, deseándole todo lo bueno.

Gracias a esta técnica, con el paso de los años, he experimentado cosas realmente mágicas. Al final, no solo te hace sentir mejor, sino que te permite soltar lo negativo y sanar relaciones, sin ningún esfuerzo adicional. Como todo, es cuestión de energía. Y si no, como digo siempre, ¡hazlo por egoísmo! Al enviar pensamientos y energías positivas, también cultivas un estado de paz y calma interna. Además, asume la responsabilidad de lo que está sucediendo con esa persona, porque todo lo que ocurre en tu vida, de una forma u otra, recuerda que lo has creado tú mismo.

***

Después de diez días de retiro, Tashi nos dijo que ya estábamos listos para seguir meditando por nuestra cuenta y que hiciésemos las maletas, porque nos íbamos a Jaipur, la Ciudad Rosa, llamada así porque todos sus edificios son de ese color. Esta ciudad de la India adoptó el rosa en 1876 para dar la bienvenida al príncipe de Gales. Desde entonces, ese color se ha convertido en parte de su identidad.

Antes de salir del monasterio, un monje budista muy anciano, pero que se movía con la ligereza de un niño, vino a despedirse de nosotros. Mi padre aprovechó para preguntarle por qué todos los monjes parecían envejecer tan bien y cuál era la dieta que seguían.

Respondió que, en realidad, ellos comían muy poco, apenas lo suficiente para mantener el cuerpo en funcionamiento, pero que la verdadera fuente de su vitalidad provenía de la práctica constante de la meditación.

La meditación, dijo, les permite reconectar con una energía interna que trasciende lo físico, liberando tensiones y regenerando el espíritu. Esa conexión les enseña a escuchar al cuerpo y a nutrirlo con lo mínimo, sin dejarse llevar por deseos o excesos.

Mientras hablaba, sus movimientos fluían como si el tiempo no le pesara, y me di cuenta de que en esa ligereza había una sabiduría profunda, y que su cuerpo y su mente estaban en equilibrio. Entendí que el verdadero secreto para envejecer bien no estaba solo en la dieta, sino en cómo vivían, conectados consigo mismos y libres de cargas innecesarias.

Tashi nos llevó al coche donde nos presentó al nuevo guía que nos acompañaría durante el resto del viaje. Se despidió de nosotros con estas palabras:

—Dani, Luis, ha sido todo un placer conoceros. Me despido diciéndoos que la vida tal y como nos la han contado es una carrera de fondo en cuya meta no hay nada y, cuando miramos atrás, vemos que hemos corrido tanto para llegar a la meta que nos hemos perdido muchas cosas por el camino, incluidos a nosotros mismos. Tenemos que dejar de correr y empezar a caminar, a pasear, a disfrutar del paisaje. La vida no es más que eso. Solo tenemos el ahora y no hay nada más que este momento, así que no lo desperdicies, porque es momentáneo y pasará. Espero que, a partir de ahora, respiréis más a menudo y caminéis por la vida sin prisa.

Con estas palabras y el corazón lleno de gratitud, continuamos nuestro viaje por la India, llevando con nosotros las enseñanzas de Tashi y la certeza de que la meditación se convertiría en una práctica fundamental en nuestras vidas.

8

El poder del aprendizaje y la curiosidad

Día a día en tu mochila

«La inspiración existe, pero tiene que encontrarte trabajando».
PICASSO

Entramos en Serendipity, uno de nuestros sitios favoritos de la gran ciudad, exactamente en la 60th Street, entre la 2nd y 3rd Avenue. Allí se grabaron escenas de la película *Serendipity* (2001), protagonizada por John Cusack y Kate Beckinsale. Es un sitio lleno de encanto donde todo es a lo grande (como habitualmente en Estados Unidos). Los postres son enormes y exagerados. Una de nuestras tradiciones más míticas era ir ahí los domingos, después de misa, a merendar. Si algún día vas, te recomiendo su postre más famoso, el *frozen hot chocolate,* aunque a nosotros nos gustaba más un batido de *peanut butter.* Rebosaba de una copa de cristal gigante y acababas comiéndotelo a cucharadas. Pero eso es solo porque somos unos *frikis* y apasionados del *peanut butter*. Creo que nunca conseguí acabarme ese batido.

Esa semana en el colegio me habían dicho que, al curso siguiente, tendría que elegir entre la rama de arte dramático o la de baile y canto. Además, debía escoger entre ciencias o letras. Como la mayoría de los niños, yo estaba perdidísima y no sabía lo que quería, ni lo que me gustaba.

«¿Qué elijo para ser importante?», pensé.

Cuando se lo conté a mi padre, me dijo que no me preocupase por eso, que no pasaba absolutamente nada y que él mismo había tenido que «tumbonear» muchas veces para encontrar su propósito en la vida.

—¿Qué es «tumbonear»? —pregunté.

—Dar muchos y muchos tumbos. Tu padre ha hecho y probado de todo hasta que ha encontrado lo que realmente le gusta en la vida. He encontrado mi propósito, mi oficio, y mi ocupación.

—Pero ¿y cómo empiezo a «tumbonear»? —insistí.

—Me encanta cómo todo fluye, porque te diré que solamente puedes «tumbonear» y encontrar tu propósito aplicando el octavo poder, que es el poder del aprendizaje y la curiosidad. Hija, quiero que sepas que este poder es uno de los más importantes, porque es el que sostiene todos los anteriores. Dani, todos los días debes asegurarte de aprender algo nuevo, sea lo que sea, porque si no creces por dentro, jamás conseguirás ser tu mejor versión. Tienes que aprender todo lo que puedas, cuanto más, mejor; y nunca te relajes. El día que le das al cerebro el mensaje de que ya lo sabes todo, y que puede descansar, es básicamente el principio del fin; puesto que el hombre vive y crece a medida que se va formando.

Cuando dejas de aprender, dejas de crecer, y cuando dejas de crecer, dejas de vivir y pasas solamente a sobrevivir. Sobrevivir es el primer escalón de la bajada hacia la muerte. Si te propones hacer algo cada día para mejorar tu mente —ya sea con una alimentación saludable, ejercicio, lectura, meditación o cualquier actividad que nutra tu intelecto—, verás cómo todo a tu alrededor cambia. Tu percepción de la vida, de la naturaleza y de las cosas que valoras se transformará y, sin darte cuenta, el mundo mejorará sin que tengas que hacer mucho más. De repente, verás todo con más claridad.

Mientras hablaba, recordé un concepto que había mencionado Tashi durante nuestro retiro en la India: la «mentalidad de principiante». Este concepto, que proviene del budismo zen, sugiere que siempre deberíamos mantener una mente abierta y curiosa, similar a la de un principiante, incluso cuando dominamos un tema. Es el antídoto contra la arrogancia intelectual y mantiene viva la chispa de la curiosidad. Ser curioso te mantiene humilde y con una visión más realista de tus habilidades, lo cual te permite seguir avanzando y mejorando.

«Mientras vivas, sigue aprendiendo a vivir».
Séneca

No hablamos mucho más durante esa merienda en Serendipity. Como sabes, nos encanta el silencio, especialmente cuando se trata de concentrarnos en la exquisitez del *peanut butter*. Eso sí, mientras firmaba la cuenta, algo que sorprendentemente todavía se sigue haciendo en Estados Unidos, me contó una anécdota de su ídolo, Albert Einstein.

Einstein y el alumno de Princeton

Einstein le pidió a un alumno, que era su ayudante, que repartiese los exámenes a sus compañeros. Los alumnos levantaron la hoja de papel y se quedaron extrañados. Inmediatamente, el ayudante avisó a Einstein de que debía de haberse equivocado, porque les había puesto el mismo examen que el año anterior, con las mismas preguntas. Einstein le dijo que no se había equivocado, que era consciente de lo que había repartido, y le explicó: «Posiblemente las preguntas son las mismas, pero de un año a otro las respuestas siempre cambian, porque todo está en continua evolución».

—Así es la vida, Dani. Las preguntas pueden ser las mismas, pero las respuestas van cambiando cada día y tienes que estar constantemente retando a tu conocimiento y a tu inteligencia si quieres vivir y no solo sobrevivir. Has de tener una mente abierta y curiosa, dispuesta a reevaluar y aprender.

Esa tarde empecé a pensar en cómo añadiría este poder a toda la lista de mis hábitos. Lo cierto es que me fue muy fácil porque yo siempre estaba con mi padre y él siempre estaba *multitasking,* así que, inevitablemente, acabé haciendo lo mismo que él. Escuchaba los audiolibros que ponía en su altavoz mientras preparábamos la cena o durante los trayectos en coche; leía por las noches las biografías que él se iba terminando y acumulaba en la mesilla de noche; y veíamos juntos *master classes* y una infinidad de docuseries.

Años después de aquella merienda en Serendipity, descubrí mi propósito a través de la curiosidad y el aprendizaje. Mientras trabajaba en la ONU, empecé a sentir una gran inquietud por entender lo que ocurría en el mundo. Quería comprender las noticias globales para poder formarme una opinión y, así, conversar sobre temas importantes con personas que consideraba cultas y relevantes. ¿El problema? Cada vez que intentaba leer artículos en periódicos, o buscaba información en Google o YouTube, no terminaba de entender bien. Me costaba: no estaban bien explicados, faltaba contexto y, tal vez, yo tampoco tenía paciencia, viniendo de una generación que quiere todo aquí y ahora. Básicamente, necesitaba un medio de comunicación para *dummies.*

Eso me impulsó a aprender más, a buscar información por mi cuenta y a tratar de comprender lo que no me contaban bien. Poco a poco, me di cuenta de que esa inquietud era una señal de mi propósito: explicar el mundo de una manera más clara para los demás. Fue a través de ese proceso de formación continua, y de seguir mi curiosidad, como descubrí lo que realmente quería hacer.

Además, estar informada y en crecimiento me hizo ponerme al día con las tendencias, algo que inevitablemente hizo que apareciesen nuevas oportunidades, ideas y proyectos en mi camino. Y, como ya sabes, ¡es un delito no aprovechar esas oportunidades que te trae la vida! Por eso, a los veinte años, me lancé a emprender en el mundo de los medios de comunicación.

Hay gente que me dice que a ellos no les llegan las oportunidades, que no tienen tanta suerte como yo u otros que no han conseguido vivir de lo que les gusta. En mi opinión, los trenes pasan muchas veces en la vida. El problema es que hay gente que no ve la oportunidad ni aunque esté delante de sus mismas narices.

> Un pez le dice a otro:
> —¿Sabe dónde está el océano? Me han dicho que allí es donde los peces son felices.
> El otro pez sorprendido le contesta:
> —Ya estás en el océano.
> A lo que el primer pez le replica:
> —Esto no es el océano, es simplemente agua.
>
> ANTHONY DE MELLO

Séneca, un filósofo estoico romano de hace mucho tiempo, decía algo así como que la suerte pasa cuando estás listo para agarrar las oportunidades. La suerte no cae simplemente del cielo. En realidad, es como cuando tienes todo preparado y, justo en ese momento, aparece una oportunidad y puedes aprovecharla porque estabas listo. Es algo así como un partido de fútbol. Si un jugador practica todos los días, cuando llegue el momento del partido, sabrá exactamente qué hacer con el balón. Pero si no entrena, aunque la suerte haga que el balón caiga a sus pies, probablemente no lanzará un buen tiro. Aquí, la suerte es poder hacer un buen tiro, pero solo porque el jugador se preparó antes.

Lo mismo pasa cuando quieres tener éxito en tu propio negocio o en cualquier cosa que te propongas. Prepararte y seguir aprendiendo equivale a entrenar para ese partido. Cuanto más aprendes y te formas, más suerte vas a tener. Esto significa que cuando aparezca una oportunidad buena para tu negocio, vas a saber exactamente qué hacer porque estuviste practicando y aprendiendo todo lo necesario antes. Y por eso es tan importante seguir formándote. No es solo para saber más, sino para estar listo y poder agarrar las oportunidades que te lleven al éxito. Entonces, la próxima vez que veas a alguien tener éxito y pienses que tuvo suerte, recuerda que probablemente esa suerte vino de mucho trabajo y preparación.

***

Para terminar, me gustaría contarte una historia que me relató mi padre muchas veces para recordarme que nunca permitiera que nadie me hiciera sentir pequeña.

Los ratones que vencieron a los tanques de Hitler

En los duros inviernos de la Segunda Guerra Mundial, el ejército de Hitler avanzaba con sus poderosos tanques, considerados invencibles. Pero un enemigo pequeño y silencioso estaba por cambiar el curso de la historia: los ratones.

En el frío frente oriental, donde las temperaturas eran extremas, los ratones buscaban refugio y calor. Se colaron en los tanques alemanes atraídos por el calor de los motores y la posibilidad de comida. Sin que nadie lo notara al principio, comenzaron a roer cables, mangueras y partes críticas del sistema. Estos pequeños roedores dañaron los cables eléctricos y los sistemas de combustible, dejando inservibles muchos tanques en un momento crucial.

Cuando los soldados intentaron movilizar sus fuerzas, se encontraron con un desastre: gran parte de los tanques no arrancaban. Los daños causados por los ratones, sumados al duro invierno y la falta de suministros, paralizaron las ofensivas alemanas y permitieron que el enemigo se reagrupase y contraatacara. Este sabotaje inesperado jugó un papel decisivo. Los tanques inmóviles por la acción de unos simples ratones contribuyeron a la caída del ejército nazi en el frente oriental, debilitando su poder en la guerra.

—Hija, esta historia tan espectacular nos recuerda que nadie nunca debe hacerte sentir pequeño o insignificante, porque hasta lo más diminuto puede cambiar el curso de la historia. Los ratones, aunque eran diminutos, consiguieron lo que los grandes ejércitos no pudieron: detener los tanques de Hitler y ayudar a cambiar el curso de la guerra.

¡Te toca a ti hacer magia!

1. Mantén la curiosidad viva y aprende siempre. Dedica cada día unos minutos a aprender algo nuevo, ya sea leyendo un artículo, escuchando un audiolibro o viendo un documental. Conviértelo en un hábito diario para estimular tu mente.
2. La suerte es preparación y oportunidad. Establece metas de aprendizaje en tu área de interés. Practica y prepárate para el tipo de oportunidades que quieres de modo que, cuando aparezcan, tengas las habilidades para aprovecharlas.
3. Nunca te sientas insignificante; lo pequeño también cambia el mundo. Cuando te enfrentes a un desafío que parece grande o fuera de tu alcance, recuerda la historia de los ratones que vencieron a los tanques de Hitler. Empieza por acciones pequeñas.

9

El poder de las relaciones

Un primer paso para cambiar el mundo

«¿He hecho algo en favor de la sociedad? Si es así, he trabajado en mi provecho».
MARCO AURELIO

El estudio de Harvard sobre el desarrollo en adultos es uno de los más duraderos sobre la vida humana. Comenzó en 1938 y todavía sigue en marcha, lo que le convierte en único, porque ha observado a diferentes personas a lo largo de toda su vida.

El objetivo inicial de este estudio era descubrir qué hace que las personas sean felices y saludables. Lo que encontraron después de muchos años de observación fue algo simple, pero muy importante: las relaciones cercanas y de calidad son la clave para la felicidad y la salud a largo plazo.

Te resumo exactamente lo que descubrieron:

1. **Las relaciones fuertes mejoran la vida:** las personas que tenían relaciones cercanas (con amigos, pareja o familia) eran más felices y vivían más años. No impor-

taba tanto si tenían mucho dinero o éxito profesional. Lo que más influía en la felicidad era la calidad de las relaciones.

2. **El estrés se maneja mejor:** las personas con buenas relaciones pueden afrontar mejor las situaciones difíciles porque tienen alguien con quien compartir sus emociones y recibir apoyo.
3. **Las relaciones malas perjudican la salud:** tener relaciones tensas o conflictivas, como una mala relación de pareja o problemas familiares, puede generar más estrés y afectar a la salud física.
4. **La soledad es mala para la salud:** la soledad está relacionada con problemas como depresión, ansiedad y, en personas mayores, con un mayor riesgo de enfermedades como el alzhéimer o problemas del corazón.

En resumen, los seres humanos somos sociales por naturaleza y nos sentimos bien cuando estamos conectados con otros. Además, contar con personas en quien confiar nos da una sensación de seguridad, lo que nos permite enfrentar mejor las dificultades de la vida.

***

Con la inocencia de una niña, yo soñaba con cambiar el mundo. Me encantaba la idea de ayudar a la gente, y me apuntaba a todas las ONG que pudiera. Un verano, tuve la gran suerte de ir a Tanzania, a Moshi, con Born to Learn, la ONG de una de las mejores amigas de mi madre. Pasé todo el verano ahí, rodeada de niños y familias que no tenían nada. Los voluntarios nos encargábamos de, literalmente, construir un colegio con botellas de plástico llenas de arena. Empezamos poniendo la primera botella y cuando volví, tres años después, me morí de alegría al encontrarme un pedazo de colegio.

Después de ese verano, al regresar a casa, me sentía distinta. Creía que había entendido algo importante, pero no sabía cómo aplicarlo en mi vida. Le conté a mi padre todas las historias de Moshi, de los niños que conocí, las experiencias que viví, y le dije que de algún modo quería ayudar a la humanidad y cambiar el mundo. Es precioso cómo todos los niños se creen con la capacidad de cambiar el mundo.

—Dani, esa experiencia es increíble y cada sonrisa que diste allá se ha quedado para siempre. Lo bueno es que, para cambiar el mundo, no necesitas irte al otro lado del mundo, ni ganar el premio Nobel de la Paz. Cambiar el mundo también comienza aquí mismo, en casa, con las personas que tienes cerca. Empieza con… adivina qué… ¡el poder de las relaciones!

Tal y como había iniciado la frase, y como nos conocíamos demasiado, yo ya sabía que venía un nuevo poder.

—Dani, existen tres formas muy importantes de construir relaciones fuertes. Si las usas, te prometo que cambiarás el mundo.

Te lo resumo en modo apuntes:

La técnica de los 10: esta técnica consiste en ayudar a las personas que tenemos más cerca. Si te enfocas en mejorar la vida de diez personas cercanas a ti, las más importantes para ti, no solo estarás ayudándolas a ellas, sino que también estarás creando un efecto en cadena. Estas personas, al sentirse mejor gracias a tu apoyo, podrán influir de manera positiva en otras personas. De esta forma, el bienestar que generas se extiende y tiene un impacto más grande de lo que imaginas.

La mochila de cada uno: aunque es importante ayudar, también es necesario saber hasta dónde podemos llegar. Imagina que cada persona lleva una mochila invisible llena de sus problemas y emociones. Podemos ayudar y apoyar, pero no podemos ni debemos llevar la mochila de los demás. Cada uno debe encargarse de su propia mochila. Saber cuándo ayudar y cuándo dejar que los otros enfrenten sus propios retos es muy importante. A veces, soltar es la mejor forma de apoyar. En la Biblia hay una poderosa metáfora que dice así: «Me pusieron a cuidar las viñas y las viñas yo cuidé, mas las viñas que eran mías, las mías descuidé. Se murieron mis viñas y tras mis viñas se murieron todas las demás». Esto nos recuerda la importancia de no descuidar nuestra propia viña. Si nuestras propias viñas se marchitan, no podremos seguir brindando frutos a quienes dependen de nosotros.

Inspirar a los demás: inspirar a otros es una de las formas más poderosas de influir positivamente en el mundo, y lo más interesante es que todos tenemos la capacidad de hacerlo. Inspirar no significa dar discursos grandiosos o hacer actos heroicos; muchas veces, los gestos pequeños y cotidianos son los que más impactan, como una sonrisa. Al vivir de manera auténtica, perseguir nuestras pasiones y actuar con integridad, automáticamente inspiramos a quienes nos rodean. Piensa que cada acción que tomamos puede motivar a otros a seguir su propio camino o a enfrentar sus desafíos de manera más valiente.

El poder de dar

Llegó el verano, y aprovechando que vivíamos en Estados Unidos, decidimos recorrer todo el país en coche, desde NYC hasta Los Ángeles. Un viaje impresionante que te recomiendo hacer una vez en la vida. Tardamos en cruzar el país de este a oeste aproximadamente nueve días, ya que fuimos parando en varios estados.

Cerca de la capital del estado de Iowa, Des Moines, estuvimos parados más de una hora en la carretera por el tráfico. Aprovechamos para echar gasolina y mi padre le preguntó al gasolinero por qué había tanto tráfico. El hombre, con un acento bastante cerrado del Middle America que nos costó entender muchísimo, nos explicó que Iowa es famosa por su producción de maíz de alta calidad. En el estado se organizan muchos eventos agrícolas donde los campesinos exhiben sus mejores cosechas. Nos comentó que entre los eventos más destacados se realizaba la Feria Estatal de Iowa, uno de los festivales agrícolas más grandes y antiguos de Estados Unidos y que, casualmente, se estaba celebrando justo ese día.

Mi padre y yo nos miramos con cara de «qué suerte hemos tenido, tenemos que ir a ver la feria».

Cuando llegamos, nos encontramos con una calle abarrotada de gente y puestos de maíz, donde tanto expertos como vecinos se acercaban a probar las diferentes preparaciones. Había maíz cocinado de todas las formas posibles, más de las que podrías imaginar. Las banderas americanas ondeaban por todas partes (ya sabes lo orgullosos que son de su país), y abuelitas ofrecían dulces caseros que, sin duda, habían elaborado durante días. Todo el lugar parecía sacado de una película americana idílica, en la que cada persona que paseaba por esas calles parecía disfrutar del día más feliz de su vida.

De repente, en un escenario que había al final de la calle, un presentador anunció que estaba a punto de dar el premio al hombre que había cultivado ese año el mejor maíz del planeta. Todo el mundo empezó a gritar un nombre: «¡John, John, John!».

Preguntamos a una pareja que teníamos al lado quién era John y nos explicaron que John participaba todos los años y siempre ganaba el premio al mejor maíz. Su maíz era famoso por ser el más grande, dulce y jugoso de todos.

John, un hombre entrañable que recordaba al abuelito de *Up,* la película de Disney, salió a agradecer el premio. Al terminar, se puso a repartir sus semillas entre todos los agricultores y vecinos que habían asistido al evento. Un reportero se acercó a él para preguntarle que por qué compartía sus mejores semillas de maíz con sus vecinos, si ellos también competían en la fiesta anual y, el siguiente año, podrían arrebatarle el premio.

John sonrió y respondió:

—Verás, el viento lleva el polen del maíz maduro de un campo a otro. Este polen ayuda a fertilizar el maíz en otros campos. Si mis vecinos tienen maíz de mala calidad, su polen también será malo y se mezclará con el mío, haciendo que mi maíz sea peor. Para asegurarme de que mi maíz siga siendo bueno, necesito que mis vecinos también tengan maíz de buena calidad. Así, el polen que llegue a mis campos también será bueno.

Mi padre se giró corriendo hacia mí y dijo:

—¿Te das cuenta de la lección que nos acaba de dar la vida y, en concreto, el hombre con el mejor maíz del mundo? Ayudando a los demás, también nos ayudamos a nosotros mismos. Al compartir con sus vecinos sus mejores semillas de maíz, John asegura que todos en la comunidad cultiven maíz de alta calidad. Esto no solo mejora sus propios cultivos, sino que también fortalece a su comunidad. Recuérdalo siempre, mi vida: «El que no vive para servir, no sirve para vivir».

De nuevo, me acordé de Tashi. Los budistas dicen que todos venimos a este mundo con una vela encendida y que, con esa vela encendida, puedes encender la vela de mucha más gente. Pero si se te apaga tu vela, si no tienes luz en tu vela, no solamente no podrás encender la vela de nadie, no podrás ni siquiera ver el camino por el que pisas.

***

Es cierto que hicimos este viaje, que este evento se celebra todos los años, y que la calidad del maíz de los vecinos puede influir en la calidad de tu propio maíz. Es lo que se conoce como polinización cruzada. Sin embargo, realmente no sé si sucedió o esta historia es pura ficción de la cabeza de Big Fish, de mi padre. ¿Por qué? La verdad es que no recuerdo haber estado allí ni recuerdo del todo a John. Creo que he escuchado a mi padre contar esta historia tantas veces que hasta he tenido que buscar en ChatGPT si ese tal John existía, solo para descubrir que la historia es una leyenda. Una vez más, la magia me recuerda que somos pequeños dioses capaces de crear nuestra propia realidad. Cuando cuentas una historia muchas veces, tu cerebro llega a confundir lo que es real de la ficción.

El poder de perdonar

Mi padre siempre dice que, si algo ha aprendido de su trabajo para una gran empresa, es a valorar mucho más el ser pequeño. Ahora que tiene su propio negocio familiar, cada vez que le sugieren expandirse, su mente se va automáticamente a la calidad de vida que tendría que sacrificar para ello.

Después de casi cinco años con mi propia empresa, puedo decir que lo entiendo perfectamente… ¡No me imagino lo que sería gestionar a más personas! ¡Qué complicados somos!

Para que te hagas una idea, mi empresa la empecé con varias amigas. Seguro que habrás escuchado que negocio y amigo son cosas que no deberían mezclarse. Hay un dicho que me gusta mucho que dice algo así como que «nunca inviertas dinero en el negocio de un amigo porque, al final, acabarás perdiendo tanto el dinero como el amigo». Creo que en el noventa y nueve por ciento de los casos es cierto.

El reto de gestionar personas, en especial a quienes tienes cerca emocionalmente, nos lleva a uno de los aprendizajes más importantes para los humanos: el perdón.

En las relaciones personales y profesionales, es inevitable que alguien te decepcione o te haga daño, ya sea un compañero de trabajo, un socio, un familiar o tu gran amigo. Ahí es donde entra en juego el poder del perdón y cuanto antes lo apliquemos, mejor.

El perdón es, sin duda, la llave que abre la puerta de la abundante felicidad. Mientras se tengan resentimientos y odio es imposible ser feliz. Además, te aseguro que nadie sufre por tu amargura, solo tú. Tienes que perdonar a los demás y perdonarte a ti mismo.

¿Mi consejo? La técnica, de la que ya he hablado anteriormente, del Ho'oponopono. A cualquier hora del día. Cada vez que tengo una mínima fricción o malestar con alguien, algo que me quite el sueño o me haga estar intranquila, cierro los ojos y, pensando en esa persona, repito: «Lo siento, perdóname, te quiero y gracias». Tenemos el poder de transformar nuestra realidad a través de la sanación interna.

Para terminar este poder, te voy a contar la historia que me contó un monje budista en Sri Lanka durante un retiro espiritual que hice el verano pasado con mis amigos.

La historia de Buda y su primo Devadatta

Devadatta era el primo de Buda. Aunque al principio se llevaban bien, Devadatta empezó a ponerse celoso y resentido porque Buda era muy respetado. Devadatta quería ser más poderoso que Buda y trató de hacerle daño varias veces. Intentó matar a Buda arrojándole una roca y soltando un elefante furioso para que lo atacara. Pero Buda siempre salió ileso.

A pesar de todo lo que hizo Devadatta, Buda no guardaba rencor. Lo perdonó y mostró compasión, entendiendo que Devadatta actuaba así por su propia ignorancia y sufrimiento.

Al final de su vida, Devadatta se enfermó y se arrepintió de lo que había hecho. Quería pedirle perdón a Buda y, en su lecho de muerte, logró hablar con él. Devadatta le preguntó: «¿Por qué me has perdonado después de todo lo que te hice?».

Buda respondió con serenidad: «Tú ahora mismo no eres el mismo que me arrojó una roca, y yo no soy el mismo que estaba allí. Todo está en constante cambio». Después de escuchar estas palabras, Devadatta comprendió la profundidad del perdón y la naturaleza cambiante de la vida.

¡Te toca a ti hacer magia!

1. Las relaciones fuertes traen felicidad y salud. Es clave la calidad de nuestros vínculos para vivir plenamente.
2. Ayudar a quienes están cerca crea un impacto positivo en cadena. Al apoyar a los más cercanos, contribuimos a mejorar su entorno y el nuestro. Eso sí: ¡no dejes que tu vela se apague! Antes de preocuparte de nadie tienes que preocuparte de la persona más importante que tienes en este mundo y ese eres tú mismo.
3. El perdón nos libera. Dejar el resentimiento permite avanzar con paz y compasión. Ya sabes la técnica a la que tienes que recurrir cuando alguien te irrite lo más mínimo: «Lo siento, perdóname, te quiero y gracias».

10

El poder más importante

Aprende a disfrutar

«El tiempo que se disfruta es el verdadero
tiempo vivido».
JORGE BUCAY

Era el último día de clase del curso escolar 2009-2010, y empezaban las vacaciones de verano. Eso significaba que era hora de volver a España con mi madre y decidir qué iba a pasar conmigo el próximo curso escolar. Ya llevaba mucho tiempo viviendo con mi padre y, como cualquier niña, empezaba a tener mamitis.

Aunque no nos lo dijimos, tanto mi padre como yo sabíamos que muy probablemente esa semana fuese la última de nuestra vida que viviríamos juntos, los dos solos en Nueva York, siguiendo nuestras tradiciones tan especiales, que ahora recuerdo con tanta nostalgia y amor. Como dirían en *Friends,* mi serie favorita, en el fondo sabíamos que esa semana se iba a producir «el fin de una era».

Me recogió del cole, pero esta vez no fuimos ni al cine ni a Magnolia. Me llevó a casa y me dijo que me arreglase, por lo que supe que algo especial estaba pasando. No somos personas de arreglarnos mucho. Yo siempre he sido muy dejada para las «cosas de chicas» y mi padre… digamos que busca la comodidad.

Aunque no dije nada, sabía que ese día era el día en el que mi padre me desvelaría el último poder. Mientras nos arreglábamos, me preguntó si me apetecía un *white cho-clet*. Evidentemente, le dije que sí. Era una de mis perdiciones en la ciudad de las perdiciones. Salimos de casa en dirección a Lincoln Square, donde está el famoso Hotel Mandarín.

Aún no te he hablado del Hotel Mandarín, pero era otro de nuestros sitios especiales. Quizás, sin exagerarte nada, habremos pasado ahí cientos de tardes juntos. En una de las últimas plantas hay un restaurante precioso con vistas a la ciudad y a todo Central Park, y sirven un *white chocolate* indescriptible. Ahora que lo pienso, creo que nunca he probado otro *white chocolate* líquido en mi vida, pero sé que no me hace falta probarlo para saber que ese es mi favorito.

Cuando llegamos a la planta 31 y se abrieron las puertas del ascensor, de nuevo salió de nuestra boca un tímido «wow». Siento que ese lugar está exento de la adaptación hedónica, porque no importa la cantidad de veces que veas abrirse las puertas de ese ascensor: la sensación de «wow» al contemplar las vistas sigue siendo igual de intensa, como si fuera la primera vez.

Allí, sentados en unos sofás que había junto a la ventana, solíamos pasar tardes enteras tomándonos nuestro *white cho-*

colate. Solo pedíamos eso. Un *white chocolate* para toda la tarde. Lo cierto es que no recuerdo si solo pedíamos eso por el precio desorbitado de las cosas o porque estábamos tratando de no ponernos como focas en esa ciudad en la que, como aseguraba un amiguete de mi padre, «quien no engorda es porque no quiere».

En esos sofás nos dedicábamos tardes enteras a escribir cuentos. Mi padre piensa que los cuentos son mapas del corazón humano, trazados con palabras. De hecho, uno de sus consejeros es el famoso escritor Jorge Bucay. Siempre decía que algún día llegaría a ser tan buen escritor como él.

Las tardes que yo no tenía que hacer deberes, mi padre me pedía ayuda para escribir sus cuentos. Me dejaba su ordenador y me dictaba los relatos que se inventaba para que yo los fuese escribiendo. Me encantaba el plan: primero, porque me sentía superútil, ya que pensaba que estaba contribuyendo a escribir un libro que algún día se haría famoso; y, segundo, porque eran cuentos con moraleja, con los que siempre aprendías algo.

Ahora que soy «mayor», me doy cuenta de que mi padre lo hacía únicamente para que yo me quedase con todas aquellas moralejas y aquellos mapas del corazón humano, que me acabarían guiando el resto de mi vida.

✱ **Abro paréntesis.** Por magia de la vida, Jorge Bucay acabaría siendo amigo de mi padre e hizo con él unas conferencias en su teatro a las que llamó el «circo de tu vida». **Cierro paréntesis.**

Ese día, mi padre había llamado al restaurante previamente para asegurarse de que no nos quitasen nuestros sofás al lado de la ventana. Nos sentamos y nos sirvieron nuestro *white chocolate* sin preguntar. No sé si seguirá en la carta. Y mientras contemplábamos esas vistas increíbles por vez número 37.982, salieron estas palabras de su boca:

—Cada día estoy más convencido de que el propósito que tenemos en la vida no está fuera, sino que lo tenemos que buscar en nuestro interior. La felicidad nunca la vas a encontrar en ninguna parte, Dani. Solo la vas a encontrar dentro de ti. Pero como el pastor del libro *El Alquimista,* es algo que, por mucho que yo te diga, lo tendrás que ir descubriendo tú solita, caminando tu propio camino, y haciendo un viaje al centro de ti.

✱ **Abro paréntesis.** Una de las cosas que más me gusta de *El Alquimista* es su visión sobre la muerte: la visión de que somos energía atrapada en un cuerpo y que nada, absolutamente nada, muere. Todo se transforma. Cuando un árbol se quema, se transforma en cenizas, que se utilizan para hacer abono. Ese abono vuelve a la tierra y lleva impregnada en sus partículas la esencia del propio árbol, su ADN. Cuando esas cenizas penetren la tierra, el día de mañana el gen del árbol muerto volverá a nacer como una planta nueva. Lo mismo pasa con el agua de los ríos, que se transforman en mar y en océanos. Esa misma agua se evaporará de nuevo y volverá en forma de nube, llegará a las montañas, descargará otra vez y se irá transformando en cada proceso de su ciclo vital, pero nunca morirá. **Cierro paréntesis.**

—Corre Dani, ¡coge el ordenador que se me acaba de ocurrir una historia buenísima que tiene que ver con el último poder!

Y empezó a dictarme:

Donde está la felicidad

Cuenta una leyenda hindú que hubo un tiempo en el que todos los hombres eran dioses. Se dice que abusaron tanto de su divinidad que Brahma, el Dios Supremo, decidió quitarles el poder divino y esconderlo en un lugar inaccesible. Había que encontrar el escondite apropiado para ello.

Los dioses menores fueron convocados para resolver el problema y propusieron:

—Vamos a enterrar la divinidad y la felicidad del hombre bajo tierra.

Brahma respondió:

—No será suficiente. El hombre cavará y cavará y al final la encontrará.

Entonces los dioses propusieron:

—En este caso podemos esconder la divinidad en lo más profundo de los océanos.

Brahma respondió:

—No, pues tarde o temprano el hombre explorará las profundidades de los océanos y seguramente un día la encontrará.

Por último, los dioses propusieron:

—Esconde la divinidad en la montaña más alta de la tierra.

Pero Brahma lo tenía muy claro:

—El hombre conseguirá subir a todas y cada una de las montañas y también la terminará encontrando allí.

Entonces, los dioses menores dijeron:

—No sabemos dónde esconderla. Parece que no hay lugar en el cielo, ni en la tierra, ni en el mar donde no pueda descubrirla algún día.

Y Brahma dijo:

—Esto es lo que haremos con la divinidad del hombre: la vamos a colocar en lo más profundo de sí mismo. Será el único lugar donde nunca se le va a ocurrir buscar.

Desde entonces, dice la leyenda, el hombre ha dado la vuelta a la tierra, ha explorado, escalado, navegado y cavado, buscando algo que, en realidad, tiene en su interior. Está dentro de sí mismo.

Cuando acabó, me pidió que mirase un momento lo que estaba pasando ahí abajo. Nos asomamos a la ventana y miramos hacia abajo.

—¿Qué ves? —preguntó.

Me quedé observando y empecé a describir lo que veía.

Solo había gente corriendo de un lado para otro. Se les veía con prisa, con mucha prisa y con muchas cosas en la mano: un móvil, un bolso, un café… Eso sí, todos iban decididos hacia alguna parte a la que, me atrevería a decir, llegaban muy, pero que muy tarde.

—¿No te parece que vivimos como si no fuésemos a morir nunca? Este posiblemente sea el mayor error que comete el ser humano, porque la única certeza que tenemos desde que nacemos es que nos vamos a morir. Si fuésemos más conscientes de ello, disfrutaríamos cada día, cada momento, como si fuese el último. Y es una pena porque la vida es eso. La vida son momentos. Nuestra labor no es más que disfrutar de cada uno de ellos, aunque sea de estar sentados en un banco. Nadie nos ha asegurado que vayamos a vivir muchos años, pero damos por hecho que moriremos de viejos, y esta es otra fantasía de nuestro ego, que nos quiere hacer eternos para que pasemos por alto el presente.

Mi padre continuó hablándome con toda serenidad:

—En las tumbas suelen poner las fechas de cuándo nacimos y cuándo nos fuimos. Pero, en realidad, lo que debería importar no es cuántos años estuvimos aquí, sino cuánto de ese tiempo realmente disfrutamos. Imagina que, en vez de números, pudiéramos poner allí todos los momentos buenos, las risas, las aventuras, nuestras experiencias. Eso es lo que de verdad vale. Así que, Dani, ¡vive de manera que llenes tu vida de momentos increíbles! Este es el último poder. Tu única labor y el único favor que te voy a pedir en la vida es que DISFRUTES, que seas consciente de cada momento, y que lo vivas como si fuera el último. *Spoiler:* algún día será el último, ¡y eso es precisamente lo bonito de la vida! No hay nada que no sea este momento. Disfrútalo, Dani. Prométeme que vas a disfrutar de tu vida a tope.

Lo miré, miré por la ventana, miré el *white chocolate,* cerré los ojos, y le di un gran sorbo.

—Qué maravilla. Creo que estoy disfrutando este *white chocolate* como si fuese el último, papi.

Sonreímos. Por dentro, sabíamos que era el último.

Nos quedamos más de una hora embobados mirando las vistas y mi cabeza empezó a dar vueltas y vueltas, y a reflexionar sobre todos los poderes que había aprendido durante todo ese tiempo en la gran ciudad. Este último pensamiento sigue rondando mi cabeza: «¿Por qué narices el poder más importante, el poder de disfrutar, nunca me lo habían enseñado en el colegio? Ni siquiera lo habían mencionado. Ni este, ni ninguno de los poderes anteriores… Qué narices, no solo no nos lo enseñan, sino que ¡nos programan la mente para sentirnos culpables si disfrutamos demasiado!».

Tras una hora en silencio, nos miramos y con la mirada le pregunté a mi padre qué íbamos a hacer ahora, y que por qué me había hecho arreglarme.

—Nos vamos a Per Se —me dijo.

No me lo podía creer. Per Se era un restaurante de la guía Zagat que teníamos prohibido. Literalmente, lo habíamos tachado con boli por ser el restaurante con más símbolos de dólar. Un día, sin darnos cuenta del precio del menú, entramos a comer en él y nos echaron porque mi padre no llevaba chaqueta y yo iba en deportivas. Luego, cuando nos enteramos del precio, nos alegramos muchísimo de que nos hubiesen echado.

Estaba claro que, como mi padre sabía que esa iba a ser la última cena de una era, quiso llevarme a un sitio que no se me olvidara jamás. Lo consiguió.

Estuvimos todo el rato riéndonos porque cada vez que venía el camarero a explicarnos los ingredientes de cada plato tardaba tanto tiempo (además de que no entendíamos la mitad de las cosas en inglés) que solo podíamos mirarnos y aguantarnos la risa. Era ese tipo de risa que te entraba en el colegio delante del profesor por cualquier tontería y, como no podías reírte, te hacía todavía más gracia.

La cena fue preciosa. Aun siendo en ese momento una niña entrando en la adolescencia, apreciaba y disfrutaba cada instante. El hecho de que mi padre diese las gracias en alto todo el rato y valorase cada pequeño detalle del día, inevitablemente me hacía ser consciente de cada momento.

Excepto cuando acabábamos cada plato, que comentábamos qué nos había parecido, el resto de la cena no dijimos ni una palabra. Eso es, sin duda, una de las cosas que más me gusta de estar con mi padre y lo que más disfruto de los viajes con él: poder estar en silencio con toda la tranquilidad y paz del mundo. Además, no nos es necesario hablar porque cuando nos miramos ya sabemos lo que nos queremos decir.

Siempre he sido una niña callada. Y creo que es algo bueno. Ya sabes lo que dice el refrán: «Dios nos ha dado dos orejas y una boca para que escuchemos el doble de lo que hablamos». O, lo que es lo mismo, «es mejor estar callado y parecer tonto que abrir la boca y demostrar que lo eres».

Estoy segura de que durante esa cena se nos pasaron los mismos pensamientos por la cabeza. Mientras saboreábamos al máximo cada cucharada de esos platos y disfrutábamos cada segundo, hicimos un recorrido mental por toda nuestra etapa vivida, desde que llegamos a esa maravillosa ciudad, tan acogedora, pero solitaria a la vez, hasta ese mismo instante, cuando terminaba el recorrido e iniciaba un futuro que sabía a incertidumbre, pero también a certeza, ya que nuestros angelitos estaban con nosotros, guiando nuestros pasos.

—¿No pensabas irte del Per Se sin una última historia, ¿no? —dijo mientras tomaba la última cucharada de un *cheesecake*.

La servilleta de Albert Einstein

En 1922, el científico Albert Einstein estaba en Tokio tras recibir el Premio Nobel de Física un año antes. Y durante un evento en el Imperial Hotel, Einstein se dio cuenta de que no tenía dinero en efectivo para darle propina al mensajero que le había entregado un mensaje. En lugar de dinero, Einstein escribió un mensaje en una servilleta y se la dio al mensajero. Einstein le explicó que, en el futuro, el mensaje podría ser valioso y podría superar en valor a una simple propina.

El mensaje en la servilleta decía lo siguiente (en alemán):

«Una vida tranquila y modesta trae más alegría que la búsqueda del éxito en un desasosiego constante».

La servilleta se convirtió en un objeto de interés histórico y ha sido subastada en varias ocasiones. En una subasta, en 2017, en la casa de subastas Winner's Auctions, en Jerusalén, la servilleta se vendió por nada más y nada menos que 1.320.000 euros.

«Qué simple es ser feliz, pero qué difícil es ser simple».

ANÓNIMO

Salimos del restaurante, nos dimos la mano, y nos fuimos a casa. Antes de dormir, me leyó el que acabaría siendo mi cuento favorito, el cuento que me ayuda a cumplir el único favor que mi padre jamás en la vida me ha pedido. El cuento que me guía en cada uno de los días de mi vida.

El mensaje del anillo

Una vez, un rey de un país no muy lejano reunió a los sabios de su Corte y les dijo:

—He mandado hacer un precioso anillo con un diamante a uno de los mejores orfebres de la zona. Quiero guardar, oculto dentro del anillo, algunas palabras que puedan ayudarme en los momentos difíciles. Un mensaje al que yo pueda acudir en momentos de desesperación total. Me gustaría que ese mensaje ayude en el futuro a mis herederos y a los hijos de mis herederos. Tiene que ser pequeño, de tal forma que quepa debajo del diamante de mi anillo.

Todos aquellos que escucharon los deseos del rey eran grandes sabios, eruditos que podían haber escrito grandes tratados... pero ¿pensar un mensaje que contuviera dos o tres palabras y que cupiera debajo de un diamante de un anillo? Muy difícil. Igualmente pensaron, y buscaron en sus libros de filosofía por muchas horas, sin encontrar nada que se ajustara a los deseos del poderoso rey.

El rey tenía muy próximo a él un sirviente muy querido. Este hombre, que había sido también sirviente de su padre, y había cuidado de él cuando su madre había muerto, era como de la familia y gozaba del respeto de todos.

El rey, por esos motivos, también le consultó. Y este le dijo:

—No soy un sabio, ni un erudito, ni un académico, pero conozco el mensaje —le reveló.

—¿Cómo? —preguntó el rey.

—Durante mi larga vida en palacio, me he encontrado con todo tipo de gente y en una oportunidad conocí a un maestro. Era un invitado de tu padre, y yo estuve a su servicio. Cuando nos dejó, yo lo acompañé hasta la puerta para despedirlo y, como gesto de agradecimiento, me dio este mensaje.

En ese momento, el anciano escribió en un diminuto papel el mencionado mensaje. Lo dobló y se lo entregó al rey.

—Pero no lo leas —dijo—. Mantenlo guardado en el anillo. Ábrelo solo cuando no encuentres salida en una situación.

Ese momento no tardó en llegar, el país fue invadido y su reino se vio amenazado.

Huía a caballo para salvar su vida, mientras sus enemigos lo perseguían. Estaba solo y los perseguidores eran numerosos. Llegó a un lugar donde el camino se acababa y, frente a él, había un precipicio y un profundo valle.

Caer por él sería fatal. No podía volver atrás, porque el enemigo le cerraba el camino. Podía escuchar el trote de los caballos, las voces, la proximidad del enemigo. Fue entonces cuando recordó lo del anillo. Sacó el papel, lo abrió y allí encontró un pequeño mensaje tremendamente valioso para el momento...

Simplemente decía: «Esto también pasará».

En ese momento fue consciente de que se cernía sobre él un gran silencio. Los enemigos que lo perseguían debían de haberse perdido en el bosque, o debían de haberse equivocado de camino. Pero lo cierto es que lo rodeó un inmenso silencio. Ya no se sentía el trotar de los caballos. El rey se sintió profundamente agradecido al sirviente y al maestro desconocido. Esas palabras habían resultado milagrosas. Dobló el papel, volvió a guardarlo en el anillo, reunió nuevamente a su ejército y reconquistó su reinado.

El día de la victoria, en la ciudad hubo una gran celebración con música y baile... y el rey se sentía muy orgulloso de sí mismo.

Entonces, el anciano, que estaba a su lado, le dijo:

—Apreciado rey, ha llegado el momento de que leas nuevamente el mensaje del anillo.

—¿Qué quieres decir? —preguntó el rey—. Ahora estoy viviendo una situación de euforia y alegría, las personas celebran mi retorno, hemos vencido al enemigo.

—Escucha —dijo el anciano—, este mensaje no es solamente para situaciones desesperadas, también es para situaciones placenteras. No es solo para cuando te sientes derrotado, también lo es para cuando te sientas victorioso. No es solo para cuando eres el último, sino también para cuando eres el primero.

El rey abrió el anillo y leyó el mensaje: «Esto también pasará».

De nuevo, sintió la misma paz, el mismo silencio, en medio de la muchedumbre que celebraba y bailaba. Pero el orgullo y el ego habían desaparecido.

El rey pudo terminar de comprender el mensaje. Lo malo era tan transitorio como lo bueno. Entonces, el anciano le dijo:

—Recuerda que todo pasa. Ningún acontecimiento ni ninguna emoción son permanentes. Como el día y la noche; hay momentos de alegría y momentos de tristeza. Acéptalos como parte de la dualidad de la naturaleza, porque son la naturaleza misma de las cosas.

Qué bonito es este cuento y qué bonita es la vida. Todo es pasajero y eso es maravilloso. No hay un día de mi vida en que no se me pase esta frase por la cabeza: «Esto también pasará». Viendo una película en el cine, comiendo en la cocina con mi madre, bañándome en el mar, cenando con mis amigos en Tarifa, leyendo un libro, en un viaje en coche, cuando el avión está despegando, en una reunión, viéndole la cara a mis abuelos, viendo a mi hija tan pequeñita en su cuna por las mañanas... Cada momento que vivo viene acompañado de un «esto también pasará».

Aquel último día con mi padre en Nueva York, rezamos el Jesusito de mi vida, nos dimos la mano, y me dijo:

—Ya lo sabes, Dani, es muy difícil encontrar la felicidad dentro de uno mismo, pero te aseguro que es imposible encontrarla en otro sitio. El despertar es darse cuenta de que no necesitas nada. Ahora tienes en tu mano todas las herramientas para disfrutar, ser feliz, convertirte en la mejor versión de ti misma, y el poder de materializar todos tus sueños. Ya verás que muy pronto, antes de lo que te imaginas, acabarás diciendo: «¡Qué razón tenía mi padre!».

Reflexión final

«Educar a un niño no es hacerle aprender algo que no sabía, sino hacer de él alguien que no existía».

JOHN RUSKIN

Parece que está en la naturaleza humana evitar cambiar hasta que las cosas se ponen tan feas, y nos sentimos tan mal, que ya no podemos seguir como de costumbre. Esto es cierto tanto a nivel individual como social. Tenemos que sufrir una crisis, un trauma, una pérdida, una enfermedad o una tragedia para ponernos a analizar quiénes somos, qué estamos haciendo, cómo estamos viviendo, qué estamos sintiendo y en qué creemos o qué sabemos para cambiar de verdad. A menudo tiene que darse la peor situación posible para que empecemos a hacer cambios positivos para nuestra salud, relaciones, profesión, familia y futuro. Pero mi mensaje es: ¿por qué esperar a que esto ocurra?

Nacemos vírgenes, sin formatear. Nuestro cerebro es el ordenador más potente y extraordinario que pueda existir.

Más aún si caemos en la cuenta de que apenas lo usamos en un mínimo porcentaje.

Cuando eras niño jugabas a ser un personaje, ese personaje siempre era alguien capaz de todo. A ese niño le han repetido tantas veces lo que hay que hacer que se lo ha acabado creyendo. Debes borrar todos esos bloqueos limitantes y volver a tener una mente que sepa que puedes ser alguien increíble.

¡Somos pequeños dioses capaces de crear nuestro mundo y nuestra realidad!

Porque recuérdalo siempre: si lo que quieres en la vida es ser alguien importante, escribe bien grande en el panel de visualización: «Soy muy importante».

Gracias, querido lector, por haber llegado hasta aquí, deseo que todos tus sueños se hagan realidad.

Y a ti, papá, como nunca voy a poder devolverte lo que has hecho por mí, quiero que sepas que todo, absolutamente todo lo que has hecho en la vida, ha valido la pena.

Eres y siempre serás mis dos angelitos.

***

Hoy, 7 de abril de 2024, quería contarte que hace pocos meses, a mis veintisiete años, me enteré de que estaba embarazada. Para mí fue un *shock* muy grande, ya que todavía me siento como una niña a la que tienen que cuidar. Creo que en nuestras cabezas siempre nos creemos más jóvenes de lo que realmente somos. El caso es que para aprovechar mis últimos meses sin barriga y sin bebé, mi padre y yo hemos decidido adelantar el viaje de este año. Este año a los dos nos apetecía el Camino de Santiago, y como a él le apasiona la bici, le propuse salir desde Oporto, y recorrernos toda la costa en bici hasta Santiago. Nos quedan dos meses para hacerlo, por lo que cuando lo hagamos yo estaré de seis meses.

La conversación que tuvimos por WhatsApp me desveló la clave secreta de los 10 poderes que ya tienes en tus manos.

—Dani, ¿seguro que prefieres hacerlo en bici o prefieres que lo hagamos andando?

—En bici, ¡en bici! ¿Por? ¿Te ha dicho algo mamá? Ayer me dijo que piensa que es un peligro estando embarazada. Está muy pesada. Cada vez que le cuento que voy a comprar pan dice que vaya riesgo tan grande, ja, ja, ja.

—No me ha dicho nada. Pero ¡qué dice mamá! ¡Si tú estás bendecida y protegida! Tus angelitos te cuidan, ¿acaso aún no lo sabe?

—¡Eso le digo siempre!, pero no me cree…

—Bueno, lo que mamá no sabe es que el creyente hace el milagro…

«A tus hijos enseñarás a volar, pero no volarán tu vuelo.
Enseñarás a soñar, pero no soñarán tu sueño.
Enseñarás a vivir, pero no vivirán tu vida.
Sin embargo… en cada vuelo, en cada sueño, en cada vida,
perdurará siempre la huella del camino enseñado».

MADRE TERESA DE CALCUTA

«Mi única labor en la vida era tener sueños, porque esos sueños ya se habían cumplido en el universo, tan solo debía tener paciencia porque algún día se materializarían en la Tierra».